LAS ROSAS EN EL ARTE

Theo Acedo Díaz

LAS ROSAS EN EL ARTE

(Historia mínima)

MMXXIV

© Obra: LAS ROSAS EN EL ARTE

Primera edición: Agosto, 2024
Primera reimpresión: Noviembre, 2024

© Autor: THEO ACEDO DÍAZ

ISBN: 978-84-10040-74-8
Depósito Legal: M-18082-2024

Maquetación: Jesús Navarro Bravo

© Editado por LIBER FACTORY www.liberfactory.com

Gestión, promoción y distribución: Grupo Editor Vision Net S.L.
C./ San Ildefonso 17, local, 28012 Madrid. España.
Tlf: 0034 91 3117696 // Email: pedidos@visionnet.es
www.visionnet-libros.com

Disponible en librerías físicas y online.

ÍNDICE

A mi madre, Juliana Díaz Sánchez,
que estaba enamorada del Reino Vegetal en general, de las flores,
y especialmente de las rosas rojas.
In memoriam.

A Violeta Martínez Ruiz (mi flor preferida) que llena nuestra casa
de amor, fragancias, aromas y colores.

PRÓLOGO

La rosa tiene connotaciones que van más allá de su concepto botánico y jardinero, y todas son favorables. Su nombre está ligado a ideas agradables como son fragancia, belleza, armonía, primavera…, y forma parte de las locuciones adverbiales "estar hecho una rosa" o, "como una rosa" que son halagos para las personas a quienes se dirigen. Su imagen es ampliamente utilizada en publicidad. Es también nombre de mujer, e incluso, apellido. Existen aficionados a las rosas que las cultivan y participan en concursos, y cuyo mayor anhelo es obtener una nueva variedad a la que ponerle su nombre. Es tanta la hermosura de la flor que suele olvidarse que crece en un arbusto que tiene espinas, aunque de ese factor también nos servimos cuando utilizamos la frase "no hay rosas sin espinas" para indicar que hasta las situaciones más preciadas (simbolizadas por el rosal) suelen tener su lado malo.

El título de este libro se queda corto. A primera vista pudiera pensarse que un libro titulado *Las rosas en el arte (historia mínima)* versaría exclusivamente sobre la presencia de las rosas en las artes, ya que su condición de flor vistosa y de olor agradable se presta a utilizarla con preferencia en la poesía y en la pintura. Aunque, en efecto, ese contenido está incluido, se complementan con otros que no son tan intuitivos. Leyendo la totalidad del libro, parece que sería más apropiado haberlo titulado *Las rosas, el arte y la religión* o, más concretamente, sustituir religión por *fe mariana* y, con mayor precisión, *fe mariana en Villarta de los Montes*.

Mi primera impresión al llegar al final de estas páginas fue la sorpresa, aunque conociendo el historial literario de su autor no debería extrañarme. Es raro encontrar un libro suyo en el que no se mencione algún elemento atractivo de su pueblo natal, y casi siempre destacando su vertiente artística.

Estas páginas comienzan con lo que quien se acerque a ellas espera encontrar: disquisiciones sobre la presencia de las rosas en la poesía y en la pintura principalmente. Y digo bien "disquisiciones" pues la primera acepción de esta palabra en el diccionario de la RAE es: "examen riguroso que se hace de algo, considerando cada una de sus partes" y, Theo Acedo nos tiene acostumbrados al rigor con que trata cada tema sobre el que se lanza a escribir después de haberse documentado profusamente. También se nos desvela el sentimiento con el cual se asocia cada uno de los diversos colores que tienen las rosas.

Son bonitas, variadas y de gran calidad las canciones y poemas dedicados a la rosa que Theo recoge en la primera parte de este trabajo, yendo desde cantos populares infantiles hasta poesías cultas de autores de distintas épocas y lugares, incluyendo concisas referencias biográficas de los autores que son menos conocidos. Hay, también, poemas de la cosecha del autor.

Son importantes las ilustraciones de distintos autores que acompañan los textos realizadas en exclusiva para este tratado.

Breves e imprescindibles son las referencias a la presencia de las rosas en la pintura, la arquitectura y el cine, a pesar de que el autor es historiador del arte y gran aficionado al cine (también ha historiado sobre esta parcela cultural) y podría haber mencionado más películas. Este déficit se ve compensado por la información que aporta, al final del apartado dedicado a las rosas en el cine, sobre el origen de la rosa en el emblema del Partido Socialista Obrero Español, diciéndonos hasta el nombre de sus diseñadores.

También hay arte en la disposición de los rosales en las denominadas rosaledas, de las que Theo cita las que mejor conoce y habrá visitado y admirado en muchas ocasiones dados sus lugares de residencia en la provincia de Madrid.

Donde Theo parece sentirse más a gusto, como si hubiera querido llegar cuanto antes a la redacción de esa parte del libro, es en el capítulo final, relativo al vínculo entre la rosa con la tradición profana y la religión católica por el rosario, visto desde un punto de vista objetivo e historicista, y su exaltación pictórica y musical. De este modo, se remonta a los primeros Concilios y santos eruditos del cristianismo para explicar que a la Virgen María se le adjudicaban lisonjas, casi piropos, formando parte de la letanía apareciendo en algunos la palabra "rosa…" en distintas construcciones lingüísticas: *rosa mística*, etc…

Quizá por este razonamiento resultó natural que al crearse fórmulas orales y escritas dedicadas a ella, integrando un conjunto de piropos con tanta presencia de las rosas, se las llamase "rosario", palabra derivada del latín rosarium, o sea, jardín de rosas.

Y así pasa a hablarnos de la Virgen de la Antigua, patrona de Villarta de los Montes, en su ermita, ofreciendo curiosidades, en el edificio, en relación con el rosario con análisis e interpretación de un programa iconográfico con sorpresa estética y crítica. Describe el rosario cantado que la tradición asocia con la festividad de la

Virgen del Rosario en Octubre y su relación con otras costumbre
locales.

En cuanto empieza a hablar de Villarta (el autor es natural de
esta villa extremeña ribereña del Alto Guadiana) la pluma se le
desborda y aprovecha para analizar y descubrir todas las pinturas
(sobre tabla y al fresco) que decoran la ermita, desde el retablo a la
cúpula. Enseguida nos enteramos que hay poderosas razones para
incluirlo en un libro dedicado a las rosas al ofrecer lectura de los
motivos representados e interpretación de los mismos en relación
con el rezo del rosario por los fieles, sin olvidar razones estéticas y
críticas.

Y como este libro contiene pocas páginas, de lo que no cabe
duda es de que tiene una alta relación curiosidad /páginas que pro-
bablemente encantará a los lectores ávidos de entretenerse adqui-
riendo conocimientos.

El epílogo aromático, escrito por el novelista Alonso Carretero,
cierra con broche de oro, este intento por dignificar la existencia
a través del Arte y la Religión por estos seres vegetales que tanto
agradan nuestra vista, nuestro olfato y nuestro ánimo. Las flores en
general y la rosa en particular son las mejores amistades que la Na-
turaleza nos ofrece para acompañarnos en nuestro andar haciendo
camino por la vida.

Jacinto Gil Sierra.
Escritor

A. CONTRÉRAS-24

Antonio Contreras

PRELUDIO

El cultivo de las rosas es antiquísimo. Se dice que los jardines colgantes de Babilonia ya contaban con frondosos rosales que las exhibían. Los primeros libros del Antiguo Testamento, las mencionan como flores bellas y aromáticas hasta que el nombre: "**rosa**", lo ajustara, al objeto en sí, la Grecia insular, tal se puede leer más adelante en esta amena descripción.

La rosa ornamental, desde el punto de vista botánico, es una flor fanerógama que no produce fruto pero sí cautiva con sus guiños cromáticos y sus aromas a los insectos que jugarán con el polen para ejercer el prodigio de la multiplicación. En cambio la rosa mosqueta o moschata produce una baya con múltiples aplicaciones salutíferas tal se expone más adelante.

En el planeta Tierra existen un centenar de especies naturales, (más adelante de este escrito se verá que hay muchísimas si se experimenta con ellas al cruzarlas) las cuales los botánicos saben muy bien diferenciar.

La rosa seduce de tal manera por sus formas de corola y cromatismos que es considerada universalmente **la reina de las flores** sin desmerecer en absoluto a cualquier diminuta florecilla que crezca en la pradera y aun a la orilla de los caminos, pues por insignificante que nos parezca, es única y extraordinaria, obediente a la misma inteligencia cósmica que contempla la proporción áurea proyectada en un guarismo prodigioso que establece los principios de la armonía y el equilibrio universal, como puede observarse en el canto cuando las niñas juegan al corro cogiditas de la mano:

Jardinera tú que entraste
en el jardín del amor,
de las flores que regaste,
dime: ¿cuál es la mejor?

La mejor es esa rosa
que se viste de color
—dijo la jardinera hermosa—
cuando le hablan de amor.

La mejor es esa rosa,
añadió la jardinera,
que cuando se la antoja…,
aunque no sea primavera,
mantiene verde su hoja.

Jardinera tú que entraste
en el jardín del amor…
¿cuál es la rosa mejor
de todas las que regaste?

La nacida en el corazón.
Esa es la mejor rosa…
como dice esta canción.

Continuando en las prodigiosas alas de la metáfora he aquí este modesto canto (cosecha de quien firma este ensayo) a lo efímero del vivir:

Y yo regué aquellas rosas,
bajo el sol de medio día,
que en los parterres crecían
regalándome su fragancia,
aroma y policromía.

Y yo regaba mis rosas
con agüita de las fuentes
entre zarzas escondidas.

¿Las rosas fueron el tiempo
de locura y juventud,
de búsquedas por caminos
de incertidumbre e inquietud?

Y yo regué aquellas rosas
con agüita de la fuente
que mi pasión destilaba,
creciendo en los arriates,
de los vientos de la vida,
con alegre lozanía
que inmarcesibles las creía.

¡Oh, vana ilusión mundana!

Aquellas rosas de antaño,
las ha marchitado el tiempo
que la vida también consume
de este viejo jardinero
que aún mira con ilusión
el futuro de su huerto.

E. Palomera

Estrella Palomera

AROMAS

I

Las rosas y sus colores son símbolos de amor desde antiguo por su vistosidad y fragancia. La imprudente flor del almendro anuncia la primavera en el hemisferio norte del planeta Tierra y las rosas efectúan su primera floración a mediados de la misma. Las rosas, que los romanos dedicaban a Júpiter tenían que ser rojas: IOVI ROSAS SECAS, decían en latín ("corto rosas para Júpiter" literalmente traducido).

Según su color, arrojan distintos significados en nuestra sociedad: La roja el amor apasionado, erótico tal se dice en lengua de Homero, la blanca la amistad; la amarilla el humor y (también) los celos; la rosa, el cariño; la anaranjada el deseo… ¿Convencionalismos? Sin duda. Son formas de llenar de alicientes la monotonía de vivir hacia lo inevitable. Esto es de este modo porque siempre las rosas han cautivado y seducen con su singular belleza.

A propósito de este aserto, para las de color blanco que simbolizan la inocencia, la infancia y la amistad, en el discurso poético en verso métrico, el poeta cubano, **José Martí** —precursor del modernismo— compuso un bello y profundo poema, con solo dos cuartetas, empleándola:

> Cultivo una rosa blanca
> en mayo como en Enero
> para el amigo sincero
> que me da su mano franca.

Y para el cruel que me arranca
el corazón con que vivo,
ortiga ni cardo cultivo
cultivo una rosa blanca.

Por otro lado, la belleza de la rosa se utiliza en la expresión literaria en verso para significar la caducidad de la vida y lo bello e, incluso, con la ironía de un tiempo opulento en las artes, y decadente en todo lo demás, como fuera el llamado Siglo de Oro. Así lo versificó el poeta **Francisco de Rioja** (1583-1659), sevillano y bibliotecario del Conde Duque de Olivares:

Pura, encendida rosa,
émula de la llama
que sale con el día,
¿cómo naces tan llena de alegría
si sabes que la edad que te da el cielo
es apenas un breve y veloz vuelo?

Hoy es fácil encontrar en la red el poema, si el lector está interesado en leerlo y saborearlo completo.

En la misma tónica se puede encontrar el soneto a la rosa en el mes de abril de **Antonio de Solís y Rivadeneira** poeta complutense o alcalaíno que, a la sazón, era cronista de las Indias en el siglo XVII. Su ciudad le recuerda con un monumento en la plaza de los Santos Niños.

Viene abril ¿y qué hace? En dos razones
viste a un rosal de hojas que ha tejido,
y luego toma y dice: "Este vestido
tiene ojales; pues démosle botones"

Dáselos, y los rompe a empujones
las hormillas que el tiempo ha colorido;
ascuas hoy que la púrpura ha encendido
de lo que eran ayer verdes carbones.

Nace la rosa, pues apenas deja
el botón, cuando un lodo la salpica,
un viento la sacude, otro la acosa.

Ájala un lindo, huélela una vieja,
y al fin viene a parar en la botica.
Si esto es ser rosa, que el diablo sea rosa.

En la misma línea de endecasílabos, **Luis de Góngora** escribió un poema extenso cargado de interrogantes y distribuido en cuartetos, del que elijo el primero de ellos:

Ayer naciste, y morirás mañana.
Para tan breve ser, ¿quién te dio vida?
¿Para vivir tan poco estás lucida?
Y, ¿para no ser nada estás lozana?

La poetisa de Almendralejo (Badajoz) **Carolina Coronado** también tal el poeta cubano mencionado, cantó a la rosa blanca, pero atina menos en su objetivo aunque emplea endecasílabos sáficos para soneto petrarquista:

¿Cuál de las hijas del verano ardiente,
cándida rosa iguala a tu hermosura
la suavísima tez y la frescura
que brotan de tu faz resplandeciente?

Su paisano **José de Espronceda** asimismo enarboló un soneto a la rosa:

Fresca, lozana, pura olorosa.
Gala y adorno del pensil florido.
Gallarda puesta sobre ramo erguido.
Fragancia esparce la naciente rosa.

Y ya entrados en el siglo XX este cronista ha tenido la suerte de toparse con una singularidad libresca, asunto que se relata a continuación lo más brevemente posible:

La **Asociación Cultural Beturia**, compuesta por personas intelectuales extremeñas preferentemente aunque ha sido disuelta al provocar el último presidente (un pésimo escritor que se aprovechó de ella) su ruina - en su dimensión editora sin ánimo de lucro, tuvo a bien editar (en facsímil) una joya libresca que llegó de la mano del socio Ángel de Ciudad Real Avi en 2014. Ángel es el único hijo de Ángel de Ciudad Real Parrilla y Aurora Avi Velasco.

Ángel (padre) había nacido en 1908 y fue Maestro de primera enseñanza con una preparación excelente en varias artes (pintura, encuadernación, caligrafía, versificador…). Así, desde 1925 escribía —con muy buena y distinta caligrafía— poemas sobre hojas (cuartillas) sueltas que iba ilustrando con atinadas orlas y dibujos con motivos diferentes, entre los que destacan rostros y bellos cuerpos femeninos. Esta tarea silenciosa de amor al arte, se desató con más tesón entre 1930 y 1933, fecha en la que se decidió a encuadernar sus trabajos él mismo. Hizo un bello libro único y no lo dio a conocer. Lo guardó para sí durante la contienda incivil en la España del 36. Más tarde, el artista, casado con Aurora Avi en 1941, ejercía de maestro de primera enseñanza en Madrid, donde pereció en un accidente de circulación aquella fatídica tarde de 1957. La esposa, encontrándolo entre los haberes del finado y, no creyéndose musa de esa obra de arte, ocultó el libro de nuevo. Su hijo Ángel, a la muerte de su madre, lo halló y ha sido dado a público de la manera que se ha explicado al principio.

La razón de incluirle en esta mínima historia, estriba en que el autor del libro, en la página 19 ofrece un bello poema escrito en caligrafía vertical sobre un ramillete y conjunto de flores dibujadas a color (de los doce versos endecasílabos que lo componen, solo elegimos los seis primeros):

Yo traigo un ramo de rosas fragantes
para que tú, con miradas radiantes,
las ilumines espléndidamente.
Yo traigo un ramo de rosas fragantes
para que tú con tus manos amantes,
las acaricies dulcísimamente.

En la línea marcada la poeta chilena Lucila Godoy más conocida como **Gabriela Mistral**, en su libro *Tala* (1938), desarrolla un bello poema simbolista en ágiles versos que dice así:

Tengo la dicha fiel
y la dicha perdida:
la una como rosa,
la otra como espina.

De la que me robaron
no fui desposeída.

¡Ay, qué amada es la rosa
y qué amante la espina!

Cuando el doble contorno
de las frutas mellizas,
tengo la dicha fiel
y la dicha perdida.

Lucila Godoy nació en Vicuña (Chile) en 1889 y murió en Nueva York en 1957. En 1945 le fue concedido el premio Nobel de Literatura, siendo la primera mujer galardonada en Lengua Castellana y, hasta ahora, la única.

Asimismo, la asociación Beturia, en su colección dedicada al verso, con 29 volúmenes editados, publicó en 2013 la obra del poeta Pablo Jiménez titulada *Deducida materia*. En ésta, hay un extenso poema de 135 versos libres titulado *La rosa roja*. En él, la cadencia anafórica es: "la rosa roja". De él, se exponen solo sus nueve primeros versos:

> Llegó con parabienes
> anteayer, delicado
> presente en memorable día,
> dolorida belleza
> en su crujiente celofán, servida
> con cinta o ceñidor de airoso lazo,
> para un dulce morir ataviada,
> el tallo sin espinas, indefensa:
> la rosa roja.

Tras estas referencias poéticas de carácter culto, el arte popular quizá parezca más elemental pero resulta muchísimo más auténtico y fragante. Los ejemplos que se ofrecen han sido extraídos del libro editado por la Editora Regional de Extremadura titulado *El folklore extremeño y las flores* sobre trabajos inéditos al respecto realizados por el folklorista riojano **Bonifacio Gil** en los años cincuenta. Su hijo, Carlos Gil Muñoz ha hecho esta labor. He aquí algunos ejemplos:

> *Aunque vives en rincón*
> *rosa, no estás olvidada*
> *que en los rincones se crían*
> *las rosas más encarnadas.*

> ....

Una rosa en un rosal
gasta mucha fantasía;
viene el viento y la deshoja
¡Ya está la rosa perdía!

…………..

Una rosa tengo en agua
y otra tengo en un rosal.
Una se la doy a Pedro
y otra se la doy a Juan.

………….

Del rosal quise cortar
La rosa de la pasión.
Era tanta su belleza
Que se nubló mi razón.
La rosa de la pasión
Me pregunta por tu cara.
Mira si eres bonita
Que hasta la rosa te alaba.
……………..

Roja de seda tu tez.
Tu textura…, terciopelo.
Tu aroma -rosa- mi placer.

……..

Eres como la rosa de Alejandría
Encarnada de noche, blanca de día.

La pasión por las rosas ha generado mucha fantasía en el mundo cristiano, llegando a inventar rosas pero de gran empatía en sus leyendas y tal como ocurre con los piropos a María de Nazaret, la madre de Jesús en la religión cristiana: *rosa Mística; rosa de Pasión*; *rosa de Alejandría*; *rosa de Jericó, rosa de Lima*…. De cada una de estas, se halla en el libro citado alguna coplilla.

El Papado cristiano católico desde León IX en 1049, premia con una rosa de oro que incluye hojas botones y espinas formando ramillete, a personalidades importantes (por lo general reinas, hasta el siglo XX) por su religiosidad y a santuarios marianos. El ramillete es de oro y está embutido en ánfora clásica de plata. En España se ha concedido al Monasterio de la Virgen de Guadalupe en Cáceres y a la mejicana también.

El regalo lo otorga el papado pero el coste lo paga quien lo recibe tal ocurrió con Isabel II en la España de 1868, el cual supuso a Patrimonio Nacional veinticinco mil duros, se dice en las notas a la novela póstuma de **Ramón María del Valle-Inclán** *El trueno dorado*, la cual fue publicada por entregas en el diario AHORA de Madrid y revisada más tarde por Josefina Blanco, su viuda. En diciembre del 1975 la publicó en forma de libro la editorial Nostromo.

Es posible pensar que las personalidades agraciadas con **"la rosa de oro"** más que financiar el objeto, contribuyeran con un generoso donativo para la Iglesia.

Valle-Inclán sentía predilección por la palabra rosa y la fuerza simbólica que este vocablo desprende al ser pronunciado con sus cromatismos iridiscentes y fragancias aromáticas. Del mismo modo ocurre con la palabra flor, aunque, la generalidad que establece, ya no la hace tan divina. Quizá por esta olorosa y colorista idea, este poeta gallego empleó profusamente (en 23 poemas) la palabra rosa en sus versos de Claves líricas, libro II, El Pasajero.

A continuación se exponen cada uno de los títulos: rosa de llamas, rosa hiperbólica; rosa de caminante; rosa matinal; rosa vespertina; rosa de mi romería; rosa del Paraíso; rosa astral; rosa del sol, rosa de melancolía; rosa panida; rosa métrica; rosa de Saulo; rosa de furias; rosa de túrbulos; rosa de oriente; rosa del reloj; rosa de pecado; rosa belial; rosa de Zoroastro; rosa agnóstica; rosa de Job; rosa deshojada.

De estos poemas, todos en métrica tradicional de aires modernistas, ofrezco como ejemplo **rosa métrica** en forma de soneto compuesto por serventesios de versos polimétricos de arte mayor que resulta curioso:

¡Número Celeste!¡Geometría Dorada!
¡Verso Pitagórico! ¡Clave de Cristal!

Don Miguel de Unamuno y Jugo es, junto con el anterior, otra pluma destacada de la *Generación del 98*. Quizá el escritor vasco y rector de la Universidad de Salamanca sea más conocido por su obra novelesca (*nivolesca*, diría él), articulística, dramática, filosófica y otros géneros, que por la expresión literaria en verso. Sin embargo era su costumbre llevar consigo un cuadernillo en el que iba siempre anotando sus ocurrencias poéticas en verso quizá con la sola intención de hacerlo (tal con sus rimas había hecho Gustavo Adolfo Bécquer en principio) sin intención de confeccionar un poemario determinado.

Estos pequeños poemas con el fondo repartido entre críticas, burlas con humor y pensamientos, al dictado de la inspiración momentánea, los legó de puño y letra en formas de cuartetas, romances y letrillas. Los estuvo escribiendo —reflejaba el día mes y año en cada uno— hasta tres días antes de morir el 31 de diciembre de 1936. En 1953 fueron reunidos, por primera vez en Argentina, bajo el título de *Cancionero*, resultando 1750 poemas de distinta extensión que la editorial Akal Bolsillo en 1984, con sabroso prólogo de Andrés Trapiello, reeditó en España, la cual poseo y he consultado para este trabajo.

La razón de traer a Unamuno a estas líneas radica en haber encontrado un poemilla relacionado con las rosas *metafóricas*, *raras* o imposibles que expongo al lector (nº 1303, 27/X/029) y que el autor tituló:

LA ROSA FILOSOFAL

-Qué vas buscando, perdido,
ojos al suelo, a soñar?
-Busco con pies en la tierra…
la rosa filosofal.
-Y qué es esa rosa, acaso…
¿una flor de santidad?
-No sé, ni qué flor es, sabiéndolo
no tendría que buscar.
-Pues… por qué la llamas rosa…,
que es nombre de realidad?
-Tal es mi filosofía…:
para empezar a saber,
antes hay que dudar,
y preguntarse después.

Existe, asimismo, la rosa Tudor que es el emblema nacional británico. El asunto deriva de la llamada **Guerra de las Dos Rosas**, entre la Casa Lancaster con rosa roja y la de York con rosa blanca. El resultado fue una rosa de diez pétalos, resultando pues, cinco blancos en el centro rodeados de cinco rojos. Esta es la razón por la que la estatua que hay en la plaza de las Bernardas de Alcalá de Henares, dedicada a Catalina de Aragón, reina de Inglaterra, lleva una rosa y un libro.

Catalina hija de los RRCC nació en esta ciudad en 1485 y murió en Inglaterra (1536) sin haber renunciado jamás a su calidad de Princesa de Gales y reina. Por ello, en Peterborough en donde está enterrada, sobre su tumba hay una inscripción que dice: KATARINNE QUEEN OF ENGLAND. Siempre hay dos rosas rojas sobre la lápida. Un grupo de la Universidad de Alcalá, fuimos a visitarla y le ofrendamos un ramo de rosas rojas y amarillas y una granada.

El dramaturgo y poeta **Federico García Lorca** inventó rosas increíbles en su drama *"El lenguaje de la flores"* o *"Doña Rosita la soltera"* tales como: la *rosa Declinata* de capullos caídos y tallo inármico, o sea, sin espinas. Y la *Mirtifolia* que viene de Bélgica y la *Sulfurata* que brilla en la oscuridad. He aquí el pasaje teatral: "Pero esta las aventaja a todas (dice un personaje de la comedia) en rareza. Los botánicos la llaman rosa *Mutábile*, es decir… mudable, que cambia…En este libro (*dice y lo enseña*) está la descripción y su pintura, ¡mira! (*abre el libro*). Es roja por la mañana; en la tarde se pone blanca y por la noche se deshoja (lee):

> Cuando se abre en la mañana
> roja como sangre está;
> el rocío no la toca
> porque se teme quemar.

Abierta en el mediodía
es dura como el coral.
El sol se asoma a los vidrios
para verla relumbrar.
Cuando en las ramas comienzan
los pájaros a cantar
y se desmaya la tarde
en las violetas del mar,
se pone blanca, con blanco
de una mejilla de sal.
Y cuando toca la noche,
blando cuerno de metal,
y las estrellas avanzan
mientras los aires se van,
en la raya de lo oscuro
se empieza a deshojar."

El poeta sevillano nacido en 1908, **Rafael de León**, quien se relacionó con Lorca en Granada, muy conocido por haber escrito miles de canciones, de las cuales muchas de ellas están en el acervo colectivo español dentro de lo que se considera "copla", al ser musicadas, debe contemplarse como poeta de la llamada Generación del 27 aunque los estudiosos no lo hayan aceptado aún al tenerlo más por letrista que por poeta. Escribió —cierto— sólo dos poemarios, el primero publicado en 1941 titulado *Pena y alegría del amor* y el segundo en 1943 *Jardín de papel*. Sin embargo observen los lectores la sutileza del poema, con cadencia, que se ofrece. Este poeta andaluz es quizá el que más ha empleado el sustantivo rosa aplicado a la flor y su consideración como objeto bello de amor. Como muestra de esta verdad lean y observen el poema: *Gacela de la rosa y el viento* con estructura de romance en ágiles versos heptasílabos:

En medio de la fuente
se bañaba la rosa.
Era toda de mármol
del tallo a la corola,
y dormida en el agua,
parecía una novia.
El viento de Granada
suspiraba en las hojas,
moreno y ondulado,
como un galán de sombras.

A beber a la fuente
bajaban las palomas
diciendo con envidia:
—¡Ay, qué blanca es la rosa!

Bajaba la sultana
entre velos y ajorcas,
con dos esclavos negros
y dos esclavas moras,
y decía con pena:
—¡Ay, qué blanca es la rosa!

Al filo de la noche,
cuando la Alhambra toda
era un barco dormido
de jazmín y magnolias
la luna a los cipreses
decía con voz rota:
—¡Más que yo en el estanque
es de blanca la rosa!

Y ya de madrugada
entre la verde fronda
con capa de arrayanes
y faja de toronjas,
el viento de Granada,
galán de flor y sombra,
decía enamorado:
—¡Ay, qué blanca es la rosa!

Novia de sal y mármol
en la fuente redonda,
las palabras del viento
escuchaba la rosa.
Y dura como nieve
del tallo a la corola,
con una voz mojada,
de primavera rota,
decía entre suspiros:
—¡Ay, si fuera una rosa!

Aún se puede hablar de una rosa que no lo es en modo alguno en la naturaleza aunque es vegetal, pues se trata de una planta suculenta de la familia de las crasuláceas que desarrolla sus hojas a modo de corola. Al parecerse a los pétalos de una rosa, popularmente es llamada **rosa de alabastro** por su color grisáceo. Es planta muy resistente a la sequía. Su nombre es **Echeveria elegans**.

Está claro que todas las rosas engendran utilidad placentera o bien por el color o por el aroma e, incluso, por ambas cualidades. Sin embargo la **rosa damascena** o de Damasco proyecta usos de fisiología superior al obtenerse, de sus 36 pétalos por ejemplar, *aceite de rosas* y sirope de rosas (*agua de rosas*). El color de estas flores es, o bien rosáceo o rojo pálido.

En esta línea se hallan la **rosa gallica** vulgarmente conocida por *rosa de Castilla* y la **rosa moschata** con aplicaciones en heridas para mejorar la cicatrización y regeneradora de la piel quemada. Esta flor es silvestre y en sus pétalos proliferan el color blanco y el rosado.

Aun, se puede traer a colación las llamadas rosas **inmarcesibles,** o sea, que no se marchitan, viniendo a ser las que están confeccionadas con materiales como el papel, la miga de pan, cerámica, vidrio, macramé, plastilina, técnica de origami, bolillos, crochet o ganchillo, de plástico, etc.

En mi pueblo, citado en muchas ocasiones en este escrito, cuando yo era niño, una señora que las hacía, las iba vendiendo por las calles voceando: *¡de las que no se rieeegan!*

Conclúyase esta aroma primero con un poema de la cosecha del autor en el aire de la poeta (poetisa se decía ella) **Gloria Fuertes** a propósito de este ensayo:

Es la rosa flor hermosa
con su rima tan preciosa.
Y entre las flores del jardín,
es… la que más me hace tilín…

Las abejas laboriosas
buscan rosas amarillas
para fabricar en las celdillas
de su panal: ¡rica miel!
y con rosas de l' amistad,
propóleo y jalea real.

Rosa roja: ¡Flor deliciosa!
dijo una humilde violeta
nacida en una maceta
junto a un ciclamen pretencioso
y una hortensia coqueta.
Ja,ja, já… se reían las maravillas
un poquito más allá
en un tiesto viejo y roto.
Más en una pradera cercana,
con un sí y con un no,
cantaban las margaritas
a la verdad del amor.
Oh rosa, eres nuestra reina
proclama un clavel reventón
enojando al crisantemo:
si ella es la reina —dijo—,
el rey —gritó— ¡quiero ser yo!

La rosa no dijo nada
pues era bella y callada
y siendo solo rosa…,
pensaba, ¿para qué más?

La belleza de las rosas es tal, que allá en la Argentina, un sauce llorón o "del desmayo" como dicen en mi pueblo, se enamoró de la que se abrazaba en su tronco joven… Leamos y oigamos (en Youtube) cómo lo cuentan los artistas Anna Netrebko y Carlos Guastavino que puso música al poema de Francisco Silva:

La rosa se iba abriendo
abrazada al sauce.
El árbol apasionado, apasionado,
la amaba tanto…
Pero una niña, una niña coqueta
se la ha robádo,
y el sauce, descónsolado…
la está llorando…
ah, ah, ah…

meli

María Amelia Chinchilla

II

El cristianismo ha tenido y tiene muy presente la simbología de la rosa pues, incluso en la edificación de sus templos contemplaron la forma de interpretar la corola de esta noble flor al dibujar los **rosetones** sobre vano en hastial del imafronte, es decir, el muro opuesto al ábside en donde está el altar. El estilo ojival desarrolló un arte singular a este respecto como es bien conocido y del que hay muchísimos ejemplos en toda Europa.

Este tipo de óculo emparentado con la rosa sigue ejerciendo su atractivo en edificios religiosos actuales, siempre en la tradición cristiana.

Por otro lado, uno de los lugares de España en donde se da tratamiento especial a la rosa, es en Madrid capital y su comunidad. Tal ocurre en el Parque del Oeste madrileño en donde se halla **La Rosaleda** creada en 1956. Hoy cuenta con 20.000 rosales y 600 variedades de rosas de todo el mundo, de colorido y aromas diferentes. En primavera se dan premios a los mejores rosales. A los galardonados se los distingue con una plaquita de cerámica con el nombre y la fecha.

En este jardín tan singular, se halla una estatua cincelada en piedra cuyo estilo es clásico. Representa a una muchacha desnuda que se atusa el cabello con ambas manos en el cual hay prendida una rosa. Tal vez no sea la única en el mundo pero en Madrid sí. Se trata de una alegoría de la juventud con todas sus virtudes.

En la ciudad de Alcalá de Henares se encuentra el Real Jardín Botánico Juan Carlos Primero auspiciado por la Universidad cisneriana. En él se destaca una hectárea dedicada a la colección de rosas **Ángel Esteban** donada a este Jardín hace 19 años. Son 3500 ejemplares y 600 variedades. ¡Qué pena! esta rosaleda ha sido arruinada por la acción de los conejos. Ocurrió durante el abandono de su cuidado en los meses de confinamiento de las personas por la pandemia padecida a causa de la COVID. Estos numerosos roedores han ido royendo las raíces y los tallos tiernos de los rosales con lo que se han secado. La Universidad trata de recuperar la antigua colección replantando y aislando el recinto con vallas metálicas clavadas en tierra a la vez que se rodean los nuevos brotes con mallas de plástico.

La jardinera, Pilar González, cuidaba y cuida de esta singular rosaleda con esmero y cariño, cuenta la hazaña de los conejos hambrientos sin ira por los animales pero lamentando el destrozo causado.

Tal vez dentro de unos años, gracias a estos y otros cuidados, se pueda volver a admirar tan bella oferta para placer de los sentidos.

Los pintores bodegonistas han tenido en cuenta siempre a la rosa, pero de todos ellos, quizá sea el madrileño **Juan de Arellano** el que más la haya pintado entre otras flores, ya que en toda su vida no hizo otro tema y lo vendía muy bien. En una ocasión, le fue preguntado por qué pintaba siempre flores, a lo que él respondió: porque trabajo poco y gano mucho. Esta anécdota la reflejó el tratadista y pintor Antonio Palomino. De Arellano había nacido en Santorcaz en 1614. Algunas de sus obras están en el Museo del Prado.

Saltando la cronología, el pintor renacentista del cinquecento milanés **Giuseppe Arcimboldo** (Milán,1527-1593) conocido por sus retratos, por así decir, o, cabezas, para cuyas representaciones empleó animales, plantas, frutas, raíces, libros, objetos metálicos, peces, animales marinos, batracios, flores…en gran cantidad y diferentes etc. No se le considera bodegonista y, sin embargo, juega con la naturaleza en un poderío de desbordante imaginación que el movimiento surrealista de primeros del siglo XX tomó por precursor.

Para este trabajo se ha de mencionar las obras *La primavera* y *Flora* pues en ellas matiza y sugiere las mejillas con rosas de color rosa y también blancas para establecer gradaciones de luminosidad y cromáticas.

En función de la máxima de Ausonio (siglo IV d.d.C.): **Collige virgo rosas** (recoge doncella las rosas) basada en el famoso Carpe Diem, se escribió un romance titulado *Por la puente Juana,* el cual se conserva en el **Cancionero de Turín** (siglos XVI y XVII), que bien el autor pudo conocer la idea de la pintura de Arcimboldo en sus metáforas plásticas para convertirlas en verbales.

He aquí la canción con estribillo, la cual está musicada a tres voces, para establecer, si se desea, comparaciones.

Por la puente Juana
que no por el agua.

Agora que el tiempo
con las manos francas,
de jazmín y rosas
compone tu cara.
Y da a tus cabellos
el oro de Arabia,
a tus dientes perlas,
y a tus labios grana

Por la puente…

No aguardes que el mismo
con la mano helada,
marchite la rosa,
vuelva el oro plata.
Vas por agua clara
desnuda y descalza
sin ver que los tiempo
pasan como el agua.

El cine ha utilizado la rosa en sus títulos sorprendentes. De todas las películas hasta la fecha que hay y se pueden encontrar en la red, se va a elegir como ejemplo **La rosa roja**, película española de los años 60 dirigida por Carlos Serrano de Osma, cuyo afiche publicitario diseñó el cartelista madrileño JANO con el ingenio que le caracteriza. En él, bajo Mikaela, hay una rosa roja.

El lector ha leído JANO y, seguramente poco le dice este nombre. Quizá convenga explicar que entre los años cincuenta y sesenta del siglo veinte, en España el cine se anunciaba con carteles pintados por artistas tal lo era JANO, pseudónimo de Francisco Fernández- Zarza Pérez.

Sobre el cartel publicitario cinematográfico y sobre este y tantos y tantos cartelistas, existe el estudio titulado *"Cómplices del 7º sueño. El afiche y su aventura"* de Theófilo Acedo Díaz y publicado por Ediciones Beturia en 2003.

La historia de La rosa roja, versa sobre la biografía de la cantaora flamenca La Parrala.

En atención al sentido erótico de la rosa, en la película clasificada como "X" *La bestia*, (La Bête, obra de Valeriam Borowczyk, 1975) cierta señorita excitada por haber observado cómo un mamporrero facilita la penetración de un caballo a una yegua, se masturba en el lecho acariándose el clítoris con una rosa roja casi aún en capullo. Esta película seguía la ruta marcada por el filme de Bernardo Bertolucci *El último tango en París* (1972) y no se estrenó en España hasta 1978 preludiando quizá el cine español llamado "del destape" con películas clasificadas "S" y "X" o pornografía ya en salas especializadas.

Tal vez quepa citar en este recorrido por las rosas la película de Woody Allen *"La rosa púrpura del Cairo"* en donde se retrata una rosa más metafórica que la que podemos observar en la llamada rosa del azafrán que solo está hermanada con la flor pero no participa en la naturaleza en la manera que en esta breve historia se traza. Sin embargo la zarzuela de Jacinto Guerrero que lleva el título *"La rosa del azafrán"* la ha hecho famosa. Además esta flor es de color morado. Como curiosidades al respecto, decir que de los estigmas del pistilo se obtiene el azafrán, la especia más cara en el mercado, pues se necesitan 15 mil flores para obtener un kilo. Su valor oscila entre los 8 y 10 mil euros el kilogramo. Azafrán, es palabra árabe que significa amarillo.

Por otro lado, el emblema del PSOE (Partido Socialista Obrero Español) es una rosa roja que una mano izquierda y varonil, en puño, sujeta. Este motivo de diseño muy atractivo, ofrece muchas conjeturas. La rosa es altamente simbólica y el puño también. Se dice que este emblema procede del empleado por el Partido Socialista Francés tras el mayo del 68.

En 1971, el logotipo estaba asentado en el país vecino.

Tal vez en esta dinámica de la contracultura rebelde se halle la iniciativa de la simbología socialista española, si bien los hippies pusieron sus miras de identidad en juegos psicodélicos y coloristas más en las flores (la margarita y sus variantes) que en la rosa. En cambio en la canción con la que se diera a conocer el cantautor Luis Eduardo Aute: *Rosas en el mar*, la emplea como símbolo de la rebeldía frente a lo imposible, con tal sutileza que la censura franquista solo veía en ello una canción como tantas y como la popularizara, asimismo, la cantante Massiel…, parecía ingénua e inofensiva. Massiel al año siguiente defendió la canción española de Eurovisión y ganó, siendo la primera vez que nuestro país obtenía este galardón. La canción de Aute desapareció de su repertorio quizá porque comenzó a interpretarla él.

Yo la aprendí de niño, allá a finales de los años sesenta del siglo pasado, sin sospechar ni remotamente que encierra la filosofía juvenil del hacer el amor y no la guerra.

¿Había en Aute, llegado a España de las Islas Filipinas que aún hablan castellano, atisbos de los planteamientos hippies que él supo constreñir con habilidad, en los versos de esta canción con mensaje subliminal? Por si las personas lectoras de este escrito no lo recuerdan, ofrezco la letra completa:

> Voy buscando un amor,
> que quiera comprender,
> la alegría y el dolor;
> la ira y el placer.
> Un bello amor sin un final
> que olvide para perdonar…

Es más fácil encontrar
rosas en el mar…
ala lalalá, ¡rosas en el mar!;
lalalá lalalá, rosas en el mar.

Voy buscando la razón
de tanta falsedad.
La mentira es obsesión
y falsa la verdad.
Qué ganarán, qué perderán,
si todo esto pasará…
Es más fácil encontrar,
rosas en el mar.

Voy pidiendo libertad,
y no quieren oír.
Es una necesidad
para poder vivir.
La libertad, la libertad,
derecho de la humanidad …
Es más fácil encontrar,
rosas en el mar.

Voy buscando un lugar
perdido en el mar.
Donde pueda olvidar,
del mundo la maldad.
La soledad quiero buscar,
para poder vivir en paz.
…Es más fácil encontrar,
rosas en el mar.

El Partido Socialista Obrero Español fue fundado por Pablo Iglesias Posse en 1879 en la Casa Labra (en esta taberna madrileña hay placa conmemorativa puesta en 1979). Es el partido político más veterano de España. En las primeras elecciones democráticas de 1977, el diseñador **José Ramón Sánchez** elaboró la publicidad electoral y en su cartel dibujó sobre verdes praderas, una rosa roja con dos hojas verdes a cada lado. Mas tarde para las elecciones de 1982, el ilustrador Cruz Novillo cambió el puño de la derecha a la mano izquierda y desaparecieron las hojas. Con transformaciones, este símbolo persiste.

J.R. Sánchez colaboró también en carteles publicitarios de cine como el de la película de José Luis Garci *Las verdes praderas*.

¿Por qué los socialistas franceses tuvieron el acuerdo de elegir la rosa? Nadie lo ha clarificado aún. Por ello, caben elucubraciones.

Y, creo que nada tiene que ver con la secta secreta de Los Rosacruces. En cambio sí puede que haya algo de verdad en relación con el movimiento hippie que a partir de los años sesenta se inició en los EEUU tal se ha explicado en párrafos anteriores. ¿En estas premisas puede que esté la clave?

Quizá la más singular rosa roja del mundo, la haya plasmado **Salvador Dalí** en 1958. El lienzo, con estas dimensiones: 36X28, pertenece a colección particular. Sin embargo puede contemplarse en el libro DALÍ (Genios de la pintura española) editado por Sarpe en 1988 y en internet, claro.

La rosa, solo la corola, está realizada con académica meticulosidad hacia la perfección hiperrealista. Incluso tiene una gotita de rocío. Esta corola aparece suspendida (en perspectiva frontal y no está afectada por las luces de la composición) en un cielo azul intenso con algunas nubes blancas que se alza sobre un campo desértico en el que pueden observarse unas construcciones (unas cercanas y otras lejanas) y un par de figuras, que se antojan humanas, estilizadas y diminutas, evocando tal vez, la admiración que sentía por el "Ángelus" de Millet. Ambas partes están marcadas por un horizonte en… ¿crepúsculo? ¿alborada? Sin embargo es la rosa la protagonista indiscutible de la narración.

¿Pretendió Dalí homenajear de este modo tan simbólico a su amigo Federico, el poeta de granada, 22 años después de su asesinato?

Se dice que en los momentos en que ambos eran amigos inseparables, esta flor fue el símbolo de su relación amistosa y profunda. *"La rosa en el alto jardín que te desea" "¡Siempre la rosa será norte y sur de nosotros!"* solían decirse.

O, ¿quizá Dalí quiso decir más con esta rosa roja sobre azul en época franquista cuando se vislumbraba la apertura del régimen al mundo y se proyectaban planes de desarrollo aunque el Plan Marshall pasara como en la película de Berlanga?

Respecto a este lienzo en sí mismo, aún con resabios surrealistas y un impacto visual extraordinario, Dalí comentó: *"Toda flor vive en una prisión, así también la rosa, pues desde el punto de vista estético, la libertad es carencia de formas"*.

Antonio Luengo

III

María de Nazaret, la madre del Niño Jesús, desde aquel lejano 25 de Diciembre del primer año de nuestra era, que hacía tanto frío, siempre fue la madre del hijo (¿único?) de José el carpintero. Nadie puso en duda esta verdad tan lógica durante los 33 años que Jesús vivió. Esto fue así en vida pero tras ser sacrificado en la cruz le apodaron Nazarcno pues, habiendo nacido en Belém, era oriundo de Nazaret como sus padres. Por eso "nazarenos" llamaron a sus seguidores como es bien sabido.

Esto fue así hasta que Pablo de Tarso, ciudadano romano pero seguidor de los nazarenos, meditó el asunto y determinó que el nombre de Cristo (en griego kristós= el ungido), identificaba con más tino a Jesús muerto al sacrificarse por la humanidad pero resucitado como símbolo de la inmortalidad del alma preconizada cinco siglos antes por Sócrates, en cuyo concepto caben el Cielo y el Infierno, es decir: premio o castigo. De este modo los cristianos abandonaban la tradición hebrea-judía (el advenimiento del Mesías) y se ajustaban más a las ideas de Jesús basadas en el Amor y lo que exige esta palabra, la más hermosa en todos los idiomas.

Aquellos cristianos atravesaron los sucesivos siglos pagando, a veces, con su vida, la incomprensión por los demás de lo que abarca el término: amor.

En siglo IV los vientos han cambiado de tal manera que en Nicea (325 d.C) se reúnen para establecer una ortodoxia, un dogma pues el contingente adicto a las ideas del Amor era mayor que a las ideas politeístas paganas y ya habían aparecido algunas desviaciones o herejías.

Desde Nicea, se fijan normas, se jerarquiza la liturgia, se inventan fórmulas poéticas para unificar a los fieles (el credo, por ejemplo). Se establece que la cruz (aunque objeto de tortura y muerte de Jesús) sea un nuevo símbolo. Un símbolo que se apoderará de todos los demás manifestándose en crucifijos, crucifixiones y cruces que incluso, adornarán con rosas escapándose de las enseñanzas del Evangelio en el transcurrir de la historia: la cruz de más dimensiones del mundo se halla en la Comunidad de Madrid en la Sierra de Guadarrama con sus 150 metros de altura. Hecha de cemento, es obra de mediados del siglo XX. La cruz de la Victoria en Asturias es la más enriquecida al ser de oro y estar adornada con perlas preciosas. Esta joya de orfebrería visigoda data del año 908. La tan venerada de Caravaca (Murcia, s. XIII) muestra dos cruces superpuestas y, obviamente, un solo Cristo.

El día 3 de Mayo se celebra la fiesta de la Cruz en muchos lugares del mundo católico. Sin embargo en la villa de Feria de la Extremadura badajocense, la revisten de manera especial predominando las rosas. Así, a petición de Antonio Luengo (colaborador gráfico en este libro) escribí estos versos que cuentan la fiesta:

> Repicando las campanas,
> llega a la plaza la Cruz
> con resplandores de plata
> y engalanada de rosas
> seduciendo con su luz
> a coritas y coritos[1]
> que la adoran y la cantan
> con fervor y devoción,
> proclamando su clamor

[1] Este es el gentilicio de los habitantes de Feria.

en primavera granada.
Y repican las campanas
con su tintín de alegría,
con su tintín de poesía,
cuando la Cruz Santa
resplandece en la plaza
y Feria entera la aclama:
¡con voces de timbres blancos!;
¡con voccs dc oro y plata!

Esta cruzada, nunca mejor dicho, parte de la manía de Elena
—madre del que sería emperador Constantino El Grande— de
querer reunir (buscando los trozos) la cruz verdadera (Lignum cru-
cis) del Gólgota aunque casi tres siglos después del crimen de Jesús
en ella. El disparate estaba servido pues, de los muchísimos trozos
encontrados hubieron de separar los falsos de los verdaderos. Así se
habla de Veracruz para ¿separarla de las falsas cruces…?

El nombre de Jesús originario había sido engullido por el apo-
do Cristo que incluso daba nombre a los seguidores (por cristia-
nos eran conocidos con más propiedad que nazarenos) y María,
su madre, seguía siendo…eso, la madre tal como todas las per-
sonas tenemos felizmente. Pero en reuniones sucesivas, a alguien
se le ocurrió vindicar —verdecer el nombre de María como sím-
bolo de **Madre**— la segunda palabra más hermosa en todas las
lenguas. Desde entonces empieza a ser nombrada con categoría
semejante a la de Cristo, es decir, divina. Ya no es como todas las
mujeres. Hay que venerarla porque es divinidad y aun habiendo
sido fecundada, es virgen. No, no importa que a la luz de la razón
esta metamorfosis se entienda. Han admitido la resurrección de

Jesús y su Ascensión al Empíreo basándose en la leyenda de la resurrección de un tal Lázaro de Galilea. Sin embargo, de Lázaro no se sabe qué pasó con su vida tras ser resucitado…por Jesús. Se dice que anduvo huido mucho tiempo en otros lugares que no le conocían porque, sus paisanos, al sepultarle, le dieron por muerto y punto. Al verlo de nuevo, lo creían fantasma y no le admitían en sociedad. Dicen también que el día de la crucifixión de Jesús, huyendo de la chiquillería que se burlaba de él y le tiraban piedras, entró en la herrería en la que estaban haciendo los clavos para clavar a Jesús al madero, pisó uno sin querer que se había caído al suelo desde el yunque en que era forjado, saltó, se le clavó en un ojo y gritó de dolor humano. Así todos vieron que no era fantasma, lo consideraron socialmente y hasta encontró trabajo allí, en la misma herrería (aunque tuerto) y ya no tuvo que mendigar ni huir más de familiares y amigos. Pero esta es otra cuestión. Jesús se resucitó así mismo, superando en esto a todos los dioses del pasado egipcio y grecorromano.

Ah, pero María no puede igualarse a los humanos en la muerte sino que se eleva también al Cielo en su Gloriosa Asunción, término verbal de complicada comprensión para lo que indica: Subir a los cielos en cuerpo y alma llevada por ángeles. ¿Es, tal vez, por esta asunción —palabra prodigiosa parecida y diferente a la Ascensión del Jesús resucitado— inmortal?

Todo esto configura una simpática historia pero… ¿a quién o quiénes se les ocurre? Sin duda a la jerarquía que establece las reuniones (eklesía en griego) para separarse —por este misterio— del pueblo y mantenerlo y mantenerse unidos por un credo de contenido profundo y formulación sencilla que han de aprender de memoria y unas leyendas que generan empatía. Esto no era novedoso. Toda la cultura oriental y grecolatina se fundamenta en estas actitudes entre la realidad y la ficción. ¿Qué es, si no, la mitología?

El tiempo pasa. Las normas crean incomprensiones o caminos distintos (herejías). Es necesario reforzar la ortodoxia. ¿Qué tuvo que ver en todo este asunto, san Jerónimo y su Vulgata en el siglo V?

Se han establecido fórmulas sencillas pero de gran musicalidad para encaminar los actos orales de gracias o de plegarias e incluso los cánticos. Estos actos comunitarios llenan de fervor los corazones. Establecen la dualidad masculino-femenino (binomio de la vida humana) y queda muy claro que Jesús-Cristo es Dios y que su madre no es diosa (con el concepto que Homero escribió en sus mitos) pero sí divina y por ello intercesora entre lo humano y lo divino, entre el Cielo y la Tierra. Soluciones incomprensibles pero válidas con el pegamento de la fe ciega.

Llegados a este punto, cabe preguntarse, ¿cuándo, en qué época del año sucede esto? El Nacimiento fue en invierno, en el invierno mediterráneo, claro, sin tener en cuenta la redondez del Planeta Tierra —tal vez porque no se conocía aún— y sus hemisferios. Atentos a estas consideraciones, Jesús fue crucificado y resucitó en la primavera mediterránea. En aquel tiempo el Mediterráneo y sus alrededores era el Todo geográfico.

Por otro lado, Ovidio en su Metamorfosis había escrito que Venus, la diosa del Amor, de la vida, nació de la espuma marina (obsérvese: mar=marina=maría) en la isla de Rosas o Rodas (como se dice en griego), una de las islas Cícladas en el mar Egeo. En el Renacimiento segundo, el pintor Boticcelli la imaginó emergente en una concha y rodeada de rosas, las cuales indican la primavera.

Quizá en este contexto mitológico romano, cuando los cristianos recordaban a María, la de Nazaret, ya Virgen y santa, le ofrendaban rosas por cada piropo o letanía con que imploraban su intercesión. Lo que no queda muy determinado es la clase de rosas ni el color de los pétalos. Los pintores siempre se han inclinado por las rosas de pétalos rosas, rojos, amarillos y blancos.

En el siglo VI, el culto a la Virgen era frecuente entre los cristianos y **San Eugenio**, el primer obispo de Toledo, así lo estableció fomentando procesiones divulgadoras de este culto. Más tarde, **San Ildefonso** que le sucedió en la cátedra, escribió el libro llamado *De su virginidad*. Por ello, la Virgen (su nombre, María, casi no se recordaba porque el de Virgen creaba más impacto sonoro y conceptual), le regaló una flamante casulla de una sola pieza sin costuras para celebrar misas solo en su honor. **Gonzalo de Berceo** en verso lo contó así:

"Hízole otra gracia cual nunca fue oída,
dióle una casulla sin aguja cosida".

para que celebrara misas en su honor y promocionara el recitado colectivo de los piropos o letanías que irían contabilizando con rosas ofrendadas a la imagen de la Señora esculpida o pintada. Esta oferta fue llamada lógicamente **rosario**. Tan lúdica y simpática actividad, con el tiempo, fue transformándose en una formula oracional rígida y dogmática como se verá más delante de este escrito.

Terminemos la historia de San Ildefonso. Este santo visigodo, vistió la curiosa casulla durante el resto de su vida. Su sucesor, argumentando que era un hombre como el anterior y el atuendo como todos (aunque no reparó en el detalle de las costuras), al ponérselo, éste se estrechó por el cuello de tal manera opresora que al soberbio clérigo ahogó.

Andaba, en aquella Hispania visigoda y mal gobernada por Don Rodrigo, el siglo VI, mientras **Isidoro de Híspalis** escribía sus Etimologías en latín. Pero, ay, a primeritos del siglo siguiente el orden social y político y territorial se altera con la llegada de los mahometanos Omeyas que venían de Oriente —de Medina, de Bagdad, de la Meca— escapados de la matanza traicionera que habían perpetrado sus hermanos Los Abasidas haciéndose con el poder que les otorgaba El Corán y la herencia del Profeta Mahoma. Sin casi tropiezo, pues la batalla de Guadalete fue una escaramuza frente a las malavenidas tropas visigodas, se apoderan pronto de Andalucía y crean en Córdoba el Primer Emirato Independiente de Bagdad, siendo **Adherramán I** su primer Emir. No se conformaron con esta zona de la Península Ibérica, sino que avanzaron su conquista hasta los Pirineos por un lado, y las montañas cántabras por otro. Entonces ocurrió un hecho sorprendente: en la Navidad del año 800, **Carlomagno** fue coronado emperador en Aquisgrán por el Papa de Roma. El poder político y el religioso se alían y detendrán el avance Omeya en Poitiers, aunque la idea mariana- conductora de la victoria - ya había hecho su aparición en las montañas de Covadonga uniendo a los cristianos en ese proceso mal llamado "Reconquista"…, cuando Don Pelayo gobernaba en aquellas tierras.

En Europa han surgido las Cruzadas y con ellas, las órdenes mendicantes. En España, el ideal de recuperar lo perdido frente a los árabes genera la creación de "órdenes militares" —mitad monjes, mitad soldados— bajo el patrocinio espiritual de Santiago Apóstol. La primera de estas órdenes es, precisamente, la de Santiago fundada en la ciudad de Cáceres.

La fe en el apóstol cuyos restos llegaron a Galicia por los caminos del misterio y la leyenda, hizo que se debilitara la presencia mariana hasta después de la batalla del Salado 1340 cuya victoria las tropas cristinas no a tribuyeron a la intervención de Santiago "matamoros" sino a **La Virgen de Guadalupe**, quizá por el empeño que hizo **Santo Domingo de Guzmán** en reverdecer la tradición mariana que impulsaron los cristianos visigodos. Este santo burgalés nacido en Caleruega en 1170, fundó la Orden de Predicadores Dominicos casi a la par que la de Francisco de Asís y se encargó de difundir por el mundo cristiano la declamación de los piropos que contabilizaban con rosas los visigodos españoles tal se ha ido relatando y que ahora ya llaman "rosario", e incluso, Santo Rosario tal se verá a continuación.

Ha empezado a proliferar por el orbe cristiano el título de Virgen del Rosario. Pero ¡ay! surgen desavenencias y los Protestantes, solo consideran a María madre de Jesús y ponen freno a esta expansión, pero Trento desoye a Lutero y redobla el rezo del rosario e incluso lo estructura: por un lado las cuentas y por otro los piropos o letanías. La unión de estas partes configura una plegaria unitaria, colectiva y poderosa por el tiempo que requiere en su realización.

A partir de los concilios de Trento que los católicos llamaron contrarreforma y los historiadores del arte también para referirse a este periodo final del Renacimiento rayano con el llamado Barroco, al rosario lo hacen santo. Asimismo con la victoria de la cristiandad en Lepanto aquel 7 de octubre de 1571, el Papa Gregorio XIII instituyó la fiesta de la Virgen del Rosario ese día de octubre.

La ermita de la **Virgen de la Antigua de Villarta de los Montes** (Badajoz) en el intradós de su cúpula trasdosada, desarrolla una interesante iconografía —en pintura al fresco y perspectiva de "sotto in su" que ocupa toda la cavidad abovedada desarrollando un singular trampantojo— respecto al rezo del Rosario porque la cofradía que se legalizó en 1744 en Toledo (esta zona hasta 1833 perteneció al Reino de Toledo y aún forma parte de la archidiócesis toledana —no sabemos por cuánto tiempo— pero pertenece a Extremadura), tenía por advocación a la Virgen del Rosario o la Reina de los Ángeles. Asimismo esta cofradía tenía el título de **El Rosario Perpetuo**. Estas pinturas fueron realizadas en 1760.

En función de esta misma idea, en este fecundo siglo XVIII para Villarta, se inició la costumbre de cantar —si bien es verdad que quien canta reza dos veces— el **Rosario de la Aurora**, en novenario antes del 7 de Octubre que la Iglesia celebra la Virgen del Rosario, tal se ha anotado anteriormente.

Este Rosario resulta singular no sólo porque todo él es cantado, sino porque, al celebrarse en época de sementera, se intercalan canciones de petición de lluvias:

> *Entre cuatro labradores*
> *la llevan en procesión*
> *para que vea los campos*
> *y llueva sin detención.*
> *Bendita sea María*
> *y su Hijo Soberano.*
> *Envíanos el rocío*
> *que lo estamos esperando.*

Sobre este Rosario ha sido publicada una descripción (labor de campo al oír a las personas que lo interpretaban para hacer grabación sonora que conservo) de su desarrollo acompañada de las partituras musicales de cuanto sucede en él por este cronista en la Revista Saber Popular nº 4.

Este desarrollo y sus partituras y textos han sido publicados también en el libro *"Villarta de los Montes. Historia y Arte"* firmado por quien esto escribe, en 1991.

Así, muy temprano salían los auroros con un tambor llamando al rosario y si las personas, al llegar éstos a su puerta, no se encontraban dispuestas aún, les cantaban "la perezosa":

> *En la cama de los perezosos*
> *se acuesta el demonio y les dice así:*
> *al Rosario de la Aurora tocan*
> *decid que estáis malos y no podéis ir.*

Una vez los fieles congregados en la puerta del templo, se inicia el rosario con jaculatorias e invocaciones tales como esta.

> *De los cielos baja una paloma*
> *y en el santo templo se vino a amparar,*
> *el rosario traía en el pico*
> *para que se cante por todo el lugar.*

Una vez concluido el Rosario las personas asistentes marchan a sus ocupaciones y fuera de toda normalización entonaban cantos para burlarse del demonio en tono gracioso tal este:

> *El demonio está enfadado.*
> *Lleno de melancolía*
> *porque los villarteños rezamos*
> *el Rosario de María.*

Aunque el demonio se enfade
y toda su compañía,
hemos de rezar cristianos
el Rosario de María.

Las cuentas de este rosario
son balas de artillería
pa que tiemble el infierno entero
oyendo el ¡Ave María!
y el ¡Dios te salve María!
sin pecado concebida.

¡Aunque el demonio se enfade
con toda su compañía!

Como puede observarse los textos arrojan distintas métricas y del mismo modo, son sus melodías cuya riqueza musical es excelente. En ellas hay atisbos de ritmos medievales de exquisito gusto. Melodías y letras indican una sensibilidad especial de aquellas gentes para la estética.

La cofradía se mantiene en la actualidad, pero no lleva el título que se ha expresado del siglo XVIII, sino el de **Nuestra Señora de la Antigua** que es la titular de la ermita y la patrona de la población. De Ella hay una hermosa talla en madera policromada atribuida, por este cronista en tesis académica, al siglo XIII, aunque los fieles la visten con ostentosos mantos y la preciosa talla permanece sin poderse admirar.

Ahora las tornas han cambiado las costumbres.

Sin embargo hasta los años setenta del siglo pasado, ningún varón podía estar presente al desnudar la imagen o vestirla. Al despojarla del manto, La Virgen estaba desnuda para aquellas devotas villarteñas. De este modo, un cura que hubo en Villarta llamado Félix (no puedo precisar sus apellidos), le fue permitido estar presente al cambiar el manto y él hizo la primera fotografía a la imagen en talla de toda su historia. Esta instantánea a todo color y muy bien pensada e iluminada, me la prestó el sacerdote (gracias Don Félix) para incluirla en mi tesis sobre esta ermita y sus tesoros en 1986.

Cuando se editó este trabajo académico con el título *"Villarta de los Montes: Historia y Arte"* ya mencionado en este escrito en 1991, las personas villarteñas pudieron ver esta bellísima talla y me lo afearon mucho, por esa tradición que he narrado, aunque el trabajo fue el más original de la Facultad de Letras del año que se defendió en la Universidad de Madrid y calificada con la máxima valoración.

En 1749 el Papa Bonifacio XIV concedió Jubileo Perpetuo a esta ermita cuyo texto íntegro se expone en el libro *Paisajes...* pp. 28.

En el siglo XVI había en Villarta cuatro ermitas: la de San Sebastián, ubicada en donde hoy se alza el templo parroquial; la de San Pablo quizá la capilla del Hospital de peregrinos dedicado a este santo; la de santa Brígida a la margen derecha del Guadiana y la de la Virgen de la Antigua. De ellas sólo persiste esta última.

Tal vez la religiosidad, que siempre impregnó todas las manifestaciones culturales de esta villa extremeña ribereña del Guadiana, obedezca a los frailes, seguramente franciscanos, de este hospital.

El Rosario, santo desde Trento como se ha escrito aquí, en Villarta no debió sistematizarse hasta la legalización de la cofradía (siglo XVIII) mencionada la cual lo popularizó dotándolo de esa agilidad y atractivos en textos y melodías. Al novenario que se ha explicado asistía toda la población capaz, quizá unas mil personas. (En el pasado Villarta tenía unos 2500 habitantes, tal escribió el primer cronista Demetrio Romero Dorado en artículo publicado en el periódico La Libertad en 1932).

Reunidos todos los asistentes en el "portalillo" del templo parroquial, configurado por un arco triunfal de medio punto y profundo, partían en procesión para dar la vuelta, al casco urbano por las calles principales. Imagínese la emoción que produciría el cántico con fervor de todas aquellas personas, a veces alabando, a veces implorando.

El Rosario de la Aurora se convoca en muchísimos lugares del orbe católico, pero, las características que se han anotado para el de Villarta de los Montes, no se dan en el resto, lo que le hace un acontecimiento interesantísimo reflejando una conducta religiosa de hermandad entre aquel contingente de pastores y labradores.

A continuación se va hacer lectura iconográfica de estas pinturas y una interpretación iconológica.

En la cavidad cupular, sobre pechinas, de media naranja y linterna, aparecen dos partes: la Tierra y el Cielo. Ésta queda representada por una balaustrada bien perfilada en tonos ocres con ocho tramos delimitados por un machón o pedestal en donde se asoman los distintos personajes que seguidamente se detallarán. El Cielo, se extiende hasta la linterna de donde procede toda la luz al recinto (la ermita no tiene más vanos que la puerta de ingreso al oeste y este lucernario cupular al este, el cual se concluye en una cupulilla adornada con un sol central y ocho radios solares en correspondencia con los pedestales de la balaustrada). En perspectiva de abajo a arriba, varios angelitos, vaporosos y ápteros, danzan adorando a La

Virgen que sube al Empíreo en gloriosa asunción. Los *puttis* y otros seres celestiales despliegan filacterias (quizá en principio con letanías. Hoy nada se puede apreciar) y ramos de rosas rojas y rosas.

Así, sobre la balaustrada terrenal, aparecen en orden cronológico, San Pedro con su atributo principal: las llaves del Cielo. Despúes San Agustín padre de la Iglesia del siglo IV al V e introductor del pensamiento místico en Occidente. Luego San Eugenio primer obispo de Toledo por el siglo VII, y San Ildefonso su sobrino y sucesor en la sede episcopal. Asimismo encontramos a Santo Domingo de Guzmán santo del siglo XII y difusor del rezo del Rosario. A continuación Santa Teresa de Jesús y San Juan de la Cruz quienes llevaron el ideal místico al máximo grado. En último lugar aparece el dominico Papa **Pío V** (1504-1572) que hizo cumplir en la Iglesia Católica las decisiones de Trento y estableció definitivamente el rezo del Rosario, declarándolo Santo tal sea anotado ya.

Expuesta así la lectura iconográfica de las pinturas de esta preciosa cúpula de ermita rural, cabe preguntarse… ¿qué puede significar toda esta figuración que la mitra toledana y la cofradía recién legalizada, encargó a un pintor mediocre y barato para que plasmara en tal manera su dominio sobre este lugar de peregrinación y devoción mariana?.

Posiblemente el pintor fuera (no se ha encontrado documento alguno que lo acredite) **Andrés de Calleja** pues éste fue ayudante en la Catedral de Toledo del pintor napolitano **Luca Giordano** (1638-1705) llamado *"Il fa presto"* por lo rápido y eficaz que trabajaba el cual decoró, al fresco, la bóveda de la Sacristía. La crítica dice que Andrés de Calleja se dedicaba a la restauración o repintes de obras de este tipo y cobraba poco.

La interpretación es sencilla. Pedro representa la primera piedra de la Iglesia universal como le encomendó Jesús en la Última Cena. San Eugenio y San Ildefonso, los primeros arzobispos de la Iglesia Española visigoda que rechaza las herejías. El resto de los personajes acentúan las prescripciones de Trento respecto al rezo del Rosario advirtiendo que Santo Domingo de Guzmán lo predicó en el medievo. Asimismo, el rezo del Rosario se llevará a cabo con el recogimiento y el misticismo que enseñan los santos españoles anotados. Así se ha de rezar el Rosario dicen estas pinturas desde el intradós de la cúpula a todos los que saben mirarlas aunque no sean de gran calidad pictórica. No obstante, sí cumplen su cometido estético y doctrinal.

Esta cúpula configura la Capilla Mayor de tan sorprendente ermita, la cual contiene un retablo hecho y dorado en 1737, tal se dice en inscripción en la propia obra, que enmarca tres tablas del pintor toledano del siglo XVI **Juan Correa de Vivar** con el tema de **La Anunciación**, **La Natividad** y la **Coronación de María** aureolada por rosas, en el centro. La atribución se debe a este cronista en la tesis mencionada, la cual no ha sido contradicha con otro argumento de semejante lógica aún.

Es posible que la existencias de estas tablas renacentistas (pintadas entre 1540-45), las cuales eran posesión de la ermita porque…, o fueron pitadas para ella, o las adquirieron con la intención de significar el lugar mariano que habían creado al encontrar la talla de María que se ha mencionado a la que titularon Nuestra Señora de la Antigua ya que veneraban a Santa Brígida en su ermita ribereña de Guadiana, que les parecía nueva respecto a la hallada.

En los muros laterales aparece pintura mural con otra Anunciación, la Visitación de María a su prima Isabel y la Presentación de María en el templo. En los lunetos de las pechinas, están los cuatro evangelistas. Estas pinturas son murales como se ha dicho y en modo alguno de la mano del pintor de los frescos cupulares.

Las pinturas laterales quizá sean obras ya del siglo XIX bastante avanzado. Además como hace unos años fueron repintadas por un pintor foráneo que se esmeró muy poco e inventó lo que había deteriorado el tiempo, el abandono y la incuria de las gentes que colgaban sus exvotos clavando puntas sobre estas pinturas…

Allí estaba una "*mortajilla*" de este cronista que cuando era bebé sus padres rogaron a la Virgen por su vida. Al pasar el trance amargo, ellos, agradecidos, ofrecieron el vestidillo como exvoto. Allí me lo mostró mi madre en varias ocasiones hasta que los cofrades decidieron, con buen criterio, trasladar los exvotos a otro lugar que entorpecieran menos.

PAREMIAS RIMADAS

Las paremias o refranes ejercen un poder excelente en el comportamiento humano con tintes críticos o moralizantes. Es, en definitiva, una *Filosofía vulgar*, como tildara el sevillano Juan de Mal Lara en 1568 a su compendio de sentencias que han repetido diferentes autores a lo largo de los tiempos.

Recientemente, el profesor Andrés Amorós, ha editado un bello trabajo *Filosofía vulgar. La verdad de los refranes.*(2023) al respecto en el que organiza esta sabiduría popular por materias, que resulta muy elocuente y curioso, ahora que la sociedad cada vez se precipita al abismo en que la técnica nos someterá a su tiraría utilizando el arma más traicionera, es decir, la comodidad, si no se pone remedio.

Cuando los refranes, sentencias, proverbios, dictados, dichos, adagios, se expresan en versos rimados, ejercen más incidencia en la memoria por la musicalidad que destilan. Esto es lo que he hecho con estas paremias:

Abril encapulla la rosa,
y mayo la luce hermosa.

Apenas amanece
la rosa florece,
mas luego perece.

Ayer fresca rosa de florero,
hoy marchita en el estercolero.

Bien sabe la rosa
en qué manos posa:
en la de mujer hermosa
y en la del hombre honesto

Ay, bien te oliera rosa
si no fueras espinosa.

Dale rosas al burro
y te pagará con rebuzno.

Con mujer que no ama las rosas
no quieras cuentas ni otras cosas.

Rosales y amores,
mientras tienen raíz
encapullan flores.

A la niña fea, una rosa
la convierte en bella.

Quien no estima la rosa
no ama ninguna cosa.

MaVal

Val Marchante

FRAGANCIA FINAL

Está claro que todas las rosas son flores pero no todas las flores son rosas ni todas las rosas son de color rosa. Asimismo, todas son útiles como seres vivos bellos, pero algunas permiten aplicaciones salutíferas concretas.

Este aparente galimatías en lengua española, no lo tiene la lengua inglesa al significar con el vocablo *rose* el objeto y con el de *pink* su cualidad cromática.

De todas los tipos de rosas que aquí se han reflejado –biológicas, imposibles, increíbles, inmarcesibles y útiles - la más curiosa es la *rosa de los vientos* que es de gran utilidad en náutica pero ni exhala aroma ni tiene pétalos ni espinas, con lo que viene a ser, en definitiva, una estrella de 32 puntas a la que se ajusta de maravilla la metáfora que representa la rosa.

Las rosas, tal se ha desgranado en este trabajo iniciático e incompleto, pueden ofrecerse en muchos y variados colores por causa de injertos y cruces desde la experimentación botánica. Sin embargo es raro encontrar rosas negras si no son de las que no se riegan o inmarcesibles.

La poesía viene a ser, en muchas ocasiones, esa tabla de salvación anímica por mor de los artilugios lingüísticos alrededor de la metáfora. En tal dirección, este modesto escritor, amante del verso ha trazado éstos para la ocasión:

Hoy, bajo los escombros de mis pasiones
en el fondo de un alma que no se alegra,
crecen sin aroma mis rosas negras.
Ellas son mis desvelos y tu osadía;
son tu trato desatento y tus mentiras
y, sin embargo…, ¿hay esperanza todavía?

Como colofón a esta invitación reflexiva con tintes humorísticos y críticos —pues el tema solo está iniciado— el poeta José Pelluch Posadas, escribió este soneto titulado ANTE UNA ROSA utilizando serventesios:

La vida tiene un fondo de amargura.
La muerte tiene un fondo de tristeza,
pero en la rosa que tan poco dura,
hay una nota de inmortal belleza.

Se marchita una rosa, mas… perdura
en otra rosa aroma y gentileza,
y así la vida en otra vida apura
ciclo que acaba mientras otra empieza…

Todo, el tiempo lo vence y lo arruina.
Todo, lo quema su implacable llama.
Muere la flor y la gigante encina…

Mas no te importe, amiga, tú camina;

aquello que no sabes, adivina;

y sobre todo, aunque te odien, ama.

En fin, el vocablo rosa aplicado al color, proporciona mucho juego verbal en Lengua Castellana si se aplica a la temática de las llamadas "novelas rosa" e incluso esa "prensa rosa".

Por otro lado, el color del erotismo parece que sea el rojo (tal se ha manifestado en algunos ejemplos en este tratado citados) pero aquella colección de relatos eróticos titulada "La sonrisa vertical" editada por Tusquets, la cubierta era color rosa preferentemente.

Y para dar fin a este relato, la palabra rosa se escribe y pronuncia casi de igual modo en todas las lenguas occidentales cuya grafía deriva del latín, procediendo, como se ha expuesto anteriormente, del término griego "ro "d" as" el cual si no se escribe como está expuesto debido a los caracteres de la grafía griega, el sonido si es parecido. La razón lingüística de esa "d" transformada en "s" no la conozco ahora pero ha de haber explicación.

Obsérvense las pequeñas variantes de la palabra rosa en idiomas occidentales: *rose, rosen, rozen, roza, rosza, ruza, rûze, ruus, ruusu, roos, ross*.

En los idiomas hablados en España, en el vascuence dicen *arrosa* al objeto botánico y *zurigorri* al color rosa o rosado. Razones habrá en la lingüística de esta lengua llamada Euskera que solo toma del latín las letras para escribirla y su sonido para pronunciarla.

La palabra "rosetta" en italiano significa "panecillo" o también en mecánica "arandela". Sin embargo se antoja… ¿contener cromosomas de la palabra rosa? Rosetta, es también el nombre de la protagonista y la película belga de 1999, la cual motivó que el

Parlamento belga pusiera en vigor una ley que no permite pagar menos de lo debido a los adolescentes. Es la ley Rosetta.

La Piedra Rosetta, es el documento escrito más antiguo que se conoce para descifrar jeroglícos. Fue hallado en la población Rashid, del delta de Nilo en Egipto.

Al maíz tostado en sartén, lo llamamos "palomitas". Esos cucuruchos o vasos enormes de palomitas que la gente devora, a la vez que mira películas, en salas comerciales. Costumbre que nunca he entendido. Pues, en mi pueblo, cuyo nombre no es necesario repetir, a las palomitas, los niños de antaño las llamábamos (ahora seguramente no) "rosetas". Este término debe pronunciarse sin la "s" final pero llenando el espacio con la suave pronunciación de una "g", tal aconseja el vocabulario que reuní sobre el habla de esta población en el reciente libro (más actualizado) *"Señas de identidad" Aproximación a la idiosincrasia villarteña."*.

Con las rosetas se hacía un dulce riquísimo por san Blas en febrero. A esta delicatessen la llamábamos "cagao de gato", sin que haya explicación lógica. Yo inventé una, en forma de cuento que se editó en unas hojas gastronómicas para Jerez de los Caballeros (Badajoz) en mayo de 2012 por iniciativa del cronista oficial de la ciudad Feliciano Correa Gamero. En ellas participaron el poeta José Iglesias, Laura Olaya, Jacinto Gil Sierra (prologuista de este trabajo), Manuel Pecellín, Julián Barriga, Alejandro García Galán, Antonia Pons, José Miguel Santiago Castelo, entre otros autores. Lo editó la Asociación Beturia.

Antonio González

EPÍLOGO AROMÁTICO

El encargo de este epílogo surge de una cortesía del autor del texto, una galantería de las suyas, ya que de rosas se trata. En una comida en el Hogar de Extremadura en la Gran Vía madrileña con el autor, Jacinto Gil y Antonio Contreras, colaboradores en el libro, me propone el hacedor de este ramo de rosas participar con algún detalle en su etiquetado. El texto ya estaba terminado, por lo que no me quedó otra opción que aportar este humilde epílogo al envoltorio.

Theo Acedo es un tipo generoso con sus amigos, por eso nos invita a beber de su cáliz aromático. Y, bendita la hora en que lo alzó para nosotros, para llenarnos de luz y de fragancias con sus pétalos. Una vez leído o bebido, que es lo mismo, uno cae en el síndrome de Sthendal, porque Theo nos acerca el aroma de la Historia del Arte y de la Religión con esta "Historia mínima", de tal modo, que nos embriaga de conocimientos y cultura. Si la vida de la rosa es efímera, él la hace eterna al explicarnos su significación en el arte y la imaginería religiosa. Tampoco se deja atrás a la literatura. Nos cita una docena de autores que ensalzan a la más bella de las flores y aporta retazos de bellos poemas.

Con estas rosas, Theo Acedo no hace otra cosa que dar un barnizado de fragancia al arte en general y a la fe mariana en particular y religioso mariano. Estoy de acuerdo con el prologuista cuando afirma que también podría llamarse el libro *Las rosas en el arte y la fe mariana,* porque es magnífico el recorrido que hace por la iconografía de la Virgen. Las rosas, su perfume, sus colores, siempre han estado asociadas a la Madre, a Nuestra Señora. Ya es una declaración de intenciones cuando el autor, en la primera página, dedica el texto a su madre Juliana Díaz, gran amante de las flores y en especial de las rosas rojas.

Dentro de las carencias de quien escribe estas líneas, tampoco hubo en su infancia un jardín de rosas para extasiarme con ellas; pero sí hubo cada mes de mayo un altar en la escuela, para que los niños le lleváramos flores a María. Inevitablemente, la lectura de este bello texto de *Las rosas en el arte,* nos habrá llevado a muchos de mi generación a aquel altarcito que poníamos en la Escuela o en la Ermita, y al canto colectivo del *venid y vamos todos, con flores a María, que Madre nuestra es.* Ay, aquellas tarde de primavera, buscando flores silvestres por los arroyos y las laderas, con qué devoción las llevábamos a la Virgen.

Entonces, niños de pueblo, como lo fue el propio artífice de esta delicatessen de texto, no teníamos la cultura ni los conocimientos para comprender estas maravillosas asociaciones de ideas entre las rosas y el arte en todas sus manifestaciones. Sabíamos de la pulcritud de Theo Acedo en el lenguaje y en el conocimiento exhaustivo del arte, pero en este caso se junta la sensibilidad, la belleza, la delicadeza y el aroma de las rosas para presentárnoslo revestido de fragancias.

Por citar solo dos casos en la literatura, quiero nombrar aquí a **Rainer María Rilke**, el poeta checo nacido en la Praga de 1875 (Imperio Austrohúngaro) y muerto en Suiza en 1926. Ya en la última etapa de su vida, viviendo en Suiza, escribió en francés uno de los más bellos poemas titulado *Les roses*. Tal fue su seducción por esta bella flor, que escribió así su epitafio: *Rosa, oh contradicción pura, deleite de ser sueño de nadie bajo tantos párpados.* Recojo aquí algunos versos de este poema:

Si tu frescura a veces nos sorprende tanto,
dichosa rosa,
es que en ti misma por dentro,
pétalo contra pétalo, descansas.
Conjunto bien despierto cuyo centro
duerme, mientras se tocan, innumerables,
las ternuras de ese corazón silencioso
que suben hasta la extrema boca.
Rosa, tú, oh cosa por excelencia completa
que se contiene en sí misma infinitamente
y que infinitamente se expande, oh cabeza
de un cuerpo ausente de tan suave,
nada te iguala, oh tú , suprema esencia
de este flotante ámbito;
de este espacio de amor en el que,
apenas se avanza, tu aroma nos envuelve.
Una sola rosa es todas las rosas
y es ésta: el irreemplazable,
el perfecto el dócil vocablo,
que encuadra el texto de las cosas.
Cómo lograr decir sin ella
lo que fueron nuestras esperanzas,
y las tiernas intermitencias

en nuestro incesante partir.
Rosa, por entero ardiente y sin embargo clara, que tendríamos
                                [que llamar relicario
de Santa Rosa…, rosa que difunde
su aroma turbador de santa desnuda.
Rosa ya nunca más tentada, desconcertante por su paz
                                [interior; amante última,
tan lejos de Eva, de su primera alarma,
rosa que infinitamente posee la pérdida.
Amiga de las horas en las que nadie queda,
en que todo se niega al corazón amargo; consoladora cuya
                                [presencia atestigua
tantas caricias que flotan en el aire.
Si renunciamos a vivir, si renegamos
de lo que era y de lo por venir,
¿pensamos acaso lo bastante
en la insistente amiga que a nuestro lado cumple con su labor de hada?

Y, por citar a uno de los nuestros, contemporáneos, fallecido en 2007 y admirado por quien escribe estas líneas, por citar una rosa escondida bajo su piel áspera de tahúr, de polémico y doliente, bucanero de palabras y de líricas; quiero nombrar dos títulos de Francisco Umbral llamados: *La rosa y el látigo* y sobre todo, *Mortal y rosa* . Uno de los analistas más solventes de Umbral, Miguel García Posada, destaca en el primer título esa dualidad característica en la prosa de Paco Umbral, que no es ni más ni menos que una rosa y un látigo, dos registros bien distintos de su literatura: el amargo, el que increpa sin encomendarse a Dios ni al diablo, y el de la lírica, la percepción sinestésica del mundo y de sí mismo; su amor a la madre, a la belleza, al cuerpo femenino, a la fragancia de la rosa. Y yo destaco en el segundo título, la obra por la que se le recordará siempre, *Mortal y rosa*, la narración más sublime del dolor por la enfermedad y la muerte de un niño, la de su único hijo, con cinco años.

Al igual que esa florecilla azul con cinco pétalos le dijo un día a Dios: *Le has puesto nombre a todas las flores del campo y te has olvidado de mí. Es verdad*, le respondió el Creador. *Tú te llamarás Nomeolvides.* Y con este nombre se quedó.

Gracias. Theo, por no olvidarte de mí y por invitarme a tu festín de aromas y de fragancias.

Alonso Carretero
25 de marzo de 2024

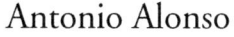
Antonio Alonso

BREVES BIOGRAFÍAS

ALONSO FERNÁNDEZ, Antonio.

Nació en Villarta de los Montes (Badajoz) hace más de seis décadas. Ya desde la "escuela rural" destacaba por su destreza con el lápiz para el dibujo, siendo admirado por compañeros (entre los que se encuentra el autor de este trabajo) y maestros. Sin embargo no desatendió ese camino, sin abandonarlo no obstante, aunque no se ha procurado más formación que la recibida cuando, en Mérida, hizo la "mili" (Servicio Militar Obligatorio) junto al pintor extremeño Miguel Bedate de Leni. Con él renació su espíritu artístico con más fuerza. Antes de hacer la mili, emigró a San Sebastián y en esta ciudad costera observó nuevas técnicas y formas. Licenciado del ejército, regresa a Villarta y se encarga de la taberna de sus padres y pone "discoteca" con lo que que ha sacado a su familia adelante.

Durante este largo periodo, sigue con el pincel de manera intermitente pero sin abandonarlo, plasmando temas locales que suele vender con facilidad. Nunca ha pensado en exponer su obra. Ahora jubilado, ha retomado su autodidactismo y colabora de nuevo (lo hizo con un asno a carboncillo en mi libro *Exaltación artística del asno* (2017), en este nuevo empeño, con una rosa sensacional. Gracias, paisano, amigo.

CARRETERO CABALLERO, Alonso.

Nacido en La Morera (Badajoz) a mediados del siglo XX, es un escritor de sólida formación universitaria (Licenciado en Ciencias Políticas y Sociología) y en técnicas psicoterapeuticas, que ha desarrollado, y sigue en la brecha, su gran potencial creativo literario en prosa (elegante y con humorismo irónico) a través del género narrativo novelístico, cuando su profesión —volcada en la Publicidad y el periodismo en Empresa Privada (artículos, reportajes, entrevistas…) se lo ha permitido.

Al alborear el siglo en que vivimos dio al público su primera novela *"El Loren, la Puta y el Coronel"* Edit. Ekoty. En esta primera entrega comicoerótica, utilizó el seudónimo Alonso Marco. Desde entonces ha editado sus creaciones casi todos los años hasta 2023 que hemos podido leer con placer *"Mi pequeño Ganjes"* editada por Vision Libros, alcanzando una docena de títulos.

Alonso es ganador de premios literarios y firmador de ejemplares en ferias librescas como la de Madrid.

Tal él cuenta, en este ensayo histórico "Las rosas en el arte", participa con este breve y atinado colofón en su salsa.

Mi más sentido agradecimiento amigo Alonso.

CONTRERAS JIMÉNEZ, Antonio Manuel.

Nacido en 1953 en La Bobadilla (Jaén). Dotado de una habilidad excelente para el dibujo, destaca con singulares plumillas de meticuloso trazo que han sido admiradas y lo son, en distintas exposiciones e ilustrando distintos libros.

Llevado de su espíritu inconformista e inquieto hacia la perfección, se ha dedicado también a la pintura al óleo y sobre todo, al grabado en distintas modalidades con resultados admirables. Además es buen prosista y compone atinados versos. Así tiene editados varios poemarios y libros de relatos, de historia de su pueblo (con sus ilustraciones) y un sabroso ensayo titulado *"El olivo y el aceite: Historia, Arte y Cultura"* (2018). Agudo prologuista.

Es un infatigable viajero y formidable comunicador. Estudió Comercio, turismo e idiomas. Residió unos años en Londres y habla y entiende a la perfección la lengua franca actual, francés e italiano, siendo ciudadano del mundo pues es viajero infatigable.

La rosa, con las que colabora en esta ocasión, dentro del realismo, están realizadas con diferentes técnicas. Gracias, amigo, por tu generosa bondad de nuevo.

CHINCHILLA VEGA, María Amelia.

Nace en Madrid de madre asturiana y padre madrileño. En la capital, vivió algo más de un cuarto de siglo. Después se avecindó en la patria pequeña de Cervantes y en esta ciudad del Henares reside y trabaja en Correos.

Pintar es su pasión desde que iba al colegio, la cual ha desarrollado de forma autodidacta principalmente aunque ha asistido a talleres impartidos por Javier Aristi en Estudios Cabeza Caliente en los primeros lustros del siglo XXI.

Ya en Alcalá de Henares, sigue en solitario y participa en el Aula de Pintura de la Universidad cisneriana en sesiones impartidas por Cristina del Moral.

Estuvo asimismo en el centro de Adultos Juan I colaborando en exposiciones de pintura.

En 2002 expuso con los talleres Cabeza Caliente. Corriendo el siglo expuso en San Martín de Valdeiglesias. En 2010 expone en la Fábrica del Humor de Alcalá de Henares y en otros lugares de esta ciudad. Le gusta experimentar con resina y otros materiales.

Gracias, Meli (así firma sus obras) por tu generosa colaboración que contribuye a lograr que este libro sea único con esa rosa que tu llamas "imperfecta".

GIL SIERRA, Jacinto.

Nacido hace algo más de medio siglo en Cheles (Badajoz) junto al Guadiana, es doctor ingeniero agrónomo y profesor de la Universidad Politécnica de Madrid, habiéndolo sido en la de California (EEUU). Su ocio - tras inteligentes partidas de ajedrez - lo dedica a leer novelas y a escribir con muy buena pluma relatos, estudios… sobre molinos…, ríos…, cocina, sobre ajedrez… La técnica narrativa la domina sintiéndose seguidor de Miguel Delibes entre otros autores. Es Cronista Oficial de Cheles y en la actualidad Presidente del Hogar Extremeño de Madrid. Es asimismo, hábil fotógrafo, y cargado de curiosidad por todo, ha confeccionado (fotos y texto) un simpático recetario de cocina chelera.

Muchas gracias amigo Jacinto por tu sensacional prólogo y por tu amistad.

GONZÁLEZ SÁNCHEZ, Antonio.

Nacido en la bella población de Cabezabellosa al norte de la provincia cacereña, realizó estudios formativos en Plasencia y Cáceres inclinándose por disciplinas artísticas y manuales como pintura, modulación, cerámica, en la Escuela de Bellas Artes Eulogio Blasco de Cáceres.

Con estos mimbres, pronto encontró trabajo en Talleres Escenográficos para reproducciones de museos, centros de interpretación y ferias de arte.

En 2001 participó en el Aula de Bellas Artes de la Universidad de Alcalá de Henares, en cuya ciudad reside. Ha realizado distintas exposiciones y su obra es admirada en pinacotecas al ser seleccionada en el Primer Salón de Primavera de pintura realista en 2016. Tiene obra colgada en Francia.

Amante de las letras, escribe versos y relatos. De versos tiene editados dos poemarios hasta la fecha: *Buscador infatigable* y *Manantiales desbordados*.

En este volumen colabora con una bella rosa con técnica original. En la ofrecida aquí no puede apreciarse ésta, con más nitidez que en el original. Gracias amigo.

LUENGO NORIEGA, Antonio.

Pintor nacido en la bella localidad badajocense de Feria. Habiendo sido funcionario del Ministerio de Hacienda, reside en Alcalá de Henares en donde participa muy activo en movimientos culturales. Asimismo hace veinticinco años que enseña el arte de pintar a un grupo de alumnas, obteniendo muy buenos resultados que manifiestan en exposiciones públicas con frecuencia anual.

Su arte lo desarrolla en la temática del bodegón y paisajes con pretensión hiperrealista a lo Zurbarán. Buen dibujante, desarrolla una técnica abigarrada en la plumilla y el retrato. Ha expuesto sus obras en múltiples lugares obteniendo éxito de ventas. En diciembre de 2016, salió publicado en el periódico Puerta de Madrid un artículo de fondo sobre él, escrito por quien firma este trabajo. Gusta además de la poesía en verso tradicional siempre de temática religiosa.

En esta obra ha colaborado con excelente ramo de rosas rosas, contenido en copa de vidrio transparente y agua. Una proeza con técnica suelta.

Muchas gracias amigo Antonio.

MARCHANTE LEGANÉS, VAL.

Nacida en la patria de Cervantes, estudió Diseño e Ilustración en la Escuela de Artes Aplicadas y Oficios Artísticos de Madrid. Actualmente trabaja en la Universidad de Alcalá de Henares y colabora con varias asociaciones culturales ofreciendo su arte de rapsoda y actriz. Asimismo escribe relatos y poemas que recita con buen tono dramático. Tiene publicados varios libros de cuentos y poemas. El más reciente *"Sombras ocultas en la mochila"* (2023) editado por Notting Hill Bookshop. Su colaboración en este trabajo es generosa con esa rosa sencilla y solitaria. Gracias Val.

MARTÍNEZ RUIZ, Manuel Ángel Ramón.

Más conocido por "Mánuel", pudo bien haberse inclinado por seguir el arte de Apeles y de la música (toca el acordeón) cuando se formaba con los frailes en Palencia, pero su vocación iba por el sendero de la técnica aunque se hizo maestro de infantes para ejercer y lo hizo en Málaga en un centro educativo de la burguesía malacitana. Más tarde retomó los estudios profesionales y entró de técnico en la primera televisión valenciana hasta que fue cerrada. Manuel, nació en Alhucemas (Marruecos) poco antes de independizarse, el territorio, de España. Reside en Valencia.

El óleo que figura en la portada se lo regaló a Violeta Martínez Ruiz y lo tenemos en lugar preferente en nuestro hogar. Gracias amigo Manuel.

MARTÍNEZ SABINA, José Antonio.

Nació en Tomelloso (Ciudad Real) a primeros de los años sesenta del siglo XX. Es un pintor de gran vena artística para lograr atinados dibujos como el retrato del autor que acompaña la solapa de esta obra. Gusta asimismo tratar paisajes tanto rurales como urbanos pero, a diferencia de su paisano Antonio López, se inclina por planteamientos impresionistas de calidad cromática.

Gracias José Antonio por este dibujo a carboncillo, pues de esta manera, en esta obra, son pinturas todas las ilustraciones aportando más originalidad.

PALOMERA ANDRÉS, Estrella.

Es posible que el aforismo "nunca es tarde si la dicha es buena" venga a estas notas biográficas sobre Estrella de forma pintiparada, pues habiendo nacido en el pueblo cacereño de Moraleja junto a la Sierra de Gata, recaló en Alcalá de Henares y pronto descubrió el taller del maestro pintor Antonio Luengo, en el cual está desarrollando ese arte por la pintura al óleo, carboncillo, pastel…en temática variada. Jamás hubiera soñado, quizá, iba a producir un arte figurativo tan vigoroso con estas rosas en un bote de vidrio hacia el hiperrealismo más ortodoxo.

Gracias, Estrella por ceder esta obra de la que me enamoré en tu reciente exposición, para este trabajo que, la generosidad de sus colaboradores pintores —mujeres y hombres— lo hace original.

RODRÍGUEZ PACHA, Mª Enriqueta.

Nacida en Villarta de los Montes, es conocida entre sus amistades por "Kety". Aunque de formación universitaria, siempre ha trabajado en Telefónica. Ya desde niña creció en ella una sensibilidad hiperestésica hacia las manifestaciones artísticas, la cual ha desarrollado como ha podido, sin poder decicarse a ello, con la intensidad deseada. Ama la música a través de la guitarra y el canto; ama el teatro, habiendo pertenecido a varias agrupaciones de cómicos. En la actualidad forma parte del grupo de teatro "Gran Vía" del Hogar Extremeño de Madrid. Siempre alimentó afición por el arte de Apeles y, en esta obra, colabora con la corola de una rosa en primer plano al óleo, de color rojo carmesí intenso.

Muchas gracias -amiga Kety- por tu generosa participación.

BREVE BIBLIOGRAFÍA CONSULTADA

- *The story of flowers.* Noel Kingbury. Edi. en Castellano.2022.
- *L'intelligence des fleurs.* Maurice Maeterlink (1907). Edición castellana 2022. Gallo Nero Ediciones.
- *El lenguaje de las flores.* Edi. Círculo de Lectores. 1983. Ilustraciones de Kate Greenaway. Barcelona.
- *El folklore extremeño y las flores.* Edición de Carlos Gil Muñoz sobre trabajos en el año 1950 de su padre Bonifacio Gil. Editora Regional. Badajoz.
- *Salvador Dalí.* Genios de la pintura. Edit. SARPE. Madrid.
- *El lenguaje de las flores o Doña Rosita la soltera.* F. García Lorca. Obras completas. Aguilar 1957. Madrid.
- *Recuerdos del corazón.* Colección de poesías, por: Ángel de Ciudad Real. Ediciones Asociación Cultural Beturia. 2014. Facgsimil de la encuadernación por el autor en 1933.
- *Las rosas.* Artículo escrito por Theo ACEDO DÍAZ aparecido en el Semanario Puerta de Madrid de Alcalá de Henares el 13 de mayo de 2022.
- *Santorcaz*, artículo de Theo ACEDO DÍAZ publicado en el Semanario alcalaíno Puerta de Madrid (4/05/022). Se cita este artículo por Juan de Arellano, pintor de rosas.

- *La rosa y el arte*. Theófilo ACEDO DÍAZ. Edición personal. Marzo 2016.
- *Cancionero.* Miguel de Unamuno. Prólogo de Andrés Trapiello. Editorial Akal bolsillo. Madrid 1984.
- *Villarta de los Montes. Historia y Arte*. Acedo Díaz. T. Alcalá de Henares 1991.
- *Paisajes...* Acedo Díaz. T. Alcalá de Henares 1988.

Kety Rodríguez

BIBLIOGRAFÍA DEL AUTOR COMENTADA

A/ PERIODÍSTICA

- "El retablo de la ermita de Ntra. Sra. de la Antigua en Villarta de los Montes".1987.
- "Biografía de un puente". 1988. (Ambos artículos aparecieron en el DIARIO EXTREMEÑO creado y dirigido por Rafael García Plata).
- Desde mayo de 1987, el autor es colaborador del SEMANARIO PUERTA DE MADRID de Alcalá de Henares, en donde tiene publicados, casi siempre a toda página, 150 artículos de temas variados. De ellos 67 están dedicados a exaltar la Lengua Española Castellana los cuales han sido agrupados en el volumen titulado "Con buena pluma" (2021) en edición príncipe y 2ª edición aumentada en 2022. 3ª edición aumentada 2024.
- "Arquitectura mudéjar en los Montes de Toledo badajocenses y manchegos". 1992. REVISTA DE ESTUDIOS EXTREMEÑOS.
- "Francisco Camacho Ruiz. Cineasta extremeño". 1997. REVISTA DE ESTUDIOS EXTREMEÑOS

- "Auto de Reyes Magos. Siglo XVIII".1999.REV. DE ESTU. EXTRE.
- "Gracias, Gabriel García Márquez". 1997. DIARIO DE ALCALÁ
- "Querida pluma". 1997. DIARIO DE ALCALÁ.
- Revista TÉNTIGO, creada por el autor en el Centro Extremeño en la ciudad de Cervantes, Tuvo una longevidad de 25 números bajo su dirección. En ella participó (de 1988 a 1992) con una cincuentena de artículos y una serie titulada "Extremeños para la historia" escribiendo sobre 18 personajes.
- Revista SABER POPULAR. En ella ha colaborado hasta ahora con el extenso artículo "El rosario de la aurora en Villarta de los Montes", y "A punta de navaja" sobre el artesano Nicolás. 2003.
- Revista FONTERA editada por la Caja de Ahorros de Badajoz. Año 2000. Colaboró con tres extensos artículos: "Federico Godoy, pintor gaditano voluntario a Extremadura"; Monumento de Enrique Pérez Comendador a la Ramón Gómez de la Serna en las Vistillas madrileñas", 2001: La Virgen del Puerto. Ermita de los Extremeños en Madrid" 2002.
- Revista FIERABRÁS de la tertulia del mismo nombre en Alcalá de Henares. Participó con tres artículos. La revista tuvo vida corta quizá 4 números.
- Revista LA SOLEÁ, editada por la "Peña flamenca" del mismo nombre en la Cava Baja madrileña. Participó con un artículo sobre la guitarra titulado "Seis doncellas bailan" 2004.
- Revista VENTANA ABIERTA editada en Villanueva de la Serena, Badajoz. Participó con un extenso artículo sobre el cineasta dombenitense Francisco Camacho"
- Revista OMNIA expresión escrita de la tertulia alcalaína del mismo nombre reunida en el bar El perro verde. Participó siem-

pre con seudónimo. Desde 1999 a 1918 la revista ha tenido 150 números. Ya no existe.

- Revista JUVENTUDES MUSICALES DE ALCALÁ, participó con dos artículos sobre pedagogía musical.
- Revista SILDAVIA, participó con un artículo sobre la novela de Luis Landero, el Mágico aprendiz, titulado "Silogismos fabulosos".
- Revista GENIO Y FIGURAS. En esta publicación creada y dirigida por Teresa Galeote, el fue redactor en sus 14 números colaborando con una treintena de artículos durante los años 2001 a 2005.
- Revista UNIÓN DE ACTORES. Colaboró con una extensa reseña sobre el libro "Cómplices...
- Revista COLOR ALBERO, participó con una entrevista a la pintora Manuela Santibáñez en el número 4. Esta revista creada por el pintor Federico Eguía, tuvo poca vida.

B/ CIENTÍFICA: COMUNICACIONES EN CONGRESOS.

- "El sepulcro del canónigo complutense Gregorio Fernández" ACTAS DEL I ENCUENTRO DE HISTORIADORES DEL HENARES. Guadalajara. 1988.
- "La organistería en Alcalá de Henares. Del futuro al pasado" ACTAS DEL II ENCUENTRO DE HISTORIADORES DEL HENARES. 1990.
- "El más bello retablo de la comarca extremeña de los Montes de Toledo" ACTAS DEL VIII CONGRESO DEL COMITÉ ESPAÑOL DE HISTORIA DEL ARTE. 1990

- "El puente mudéjar de Villarta de los Montes" ACTAS DEL XXXIV CONGRESO NACIONAL DE CRONISTAS OFICIALES DE ESPAÑA.2008.Teruel.
- "La flora arbórea de Villarta de los Montes" ACTAS DEL XXXV CONGRESO DE C.O.DE E. 2009. Cazorla. Jaén.
- "Simpáticas relaciones entre el villarteño Demetrio Romero y Miguel Hernández". ACTAS DEL XXXVIII CONGRESO DE C. O. DE ESPAÑA. 2012. Orihuela. Alicante.
- "La casa consistorial antigua de Villarta de los Montes desaparecida" ACTAS DEL XXXIX CONGRESO DE C.O. DE ESPAÑA. Cáceres 2013.
- "Demetrio Romero. Breve aproximación histórica" ACTAS DE LAS PRIMERAS JORNADAS DE HISTORIA LOCAL EN EXTREMADURA. Garrovilla de Alconétar . Cáceres 23 de mayo de 2013.

C/ BIBLIOGRFÍA LIBRESCA.

c-1: EDICIONES EN SOLITARIO.

- "VILLARTA DE LOS MONTES. HISTORIA Y ARTE" Edición del Autor. Alcalá de Henares. 1991. 26 de junio. Ensayo histórico artístico basado en tesis doctoral. Edición ilustrada con fotografías en blanco y negro, color y dibujos de Antonio Contreras y Luis Dante. Contiene un glosario de términos artísticos empleados en el estudio y un adenda con el Rosario de la Aurora villarteño descrito y con partituras y el himno de la Virgen de la Antigua – patrona de la población - letra y partitura. Edición de 3000 ejemplares, agotada.

- "PAISAJES..."Edición patrocinada por el Ayuntamiento de Villarta de los Montes. 1998. Era alcalde Rafael Chaves Fernández. Editado en Alcalá de Henares. Es una guía erudita y muy literaria de la historia y arte de la villa con fotografías a todo color comparando lo antiguo y lo nuevo. Además incluye un vocabulario de términos autóctonos de unas 600 voces. Este libro ha dado frutos pues por él se corrigió un error de catalogación, es decir, desde 1920 se atribuían bondades a un supuesto puente en Villarta de San Juan, Ciudad Real, ignorando que tales virtudes pertenecen al puente mesteño de Villarta de los Montes. Esto lo dilucidó un profesor de la Universidad de Castilla-La Mancha en un artículo agradeciéndoselo a Theo Acedo. 2000 ejemplares. Edición agotada.

- "AUTO DE REYES MAGOS. SIGLO XVIII". Edición del Grupo Literario Omnia de Alcalá de Henares. Año 2000. 2ª edición agotada. Más de 1000 ejemplares se vendieron en la costa oeste de los EEUU.

- "CÓMPLICES DE 7º SUEÑO. EL AFICHE Y SU AVENTURA". Editado por la Asociación Cultural BETURIA ediciones en 2003. Ensayo histórico artístico sobre el cartel publicitario cinematográfico en España entre 1950 y 1970, Cuba y otras naciones europeas. Excelentes fotografías en color de carteles de la colección de Antonio Acedo Tamurejo.

- "PARA QUE LO SEPAS" editado por Vision Net en 2006, Madrid. Dos ediciones y seis reimpresiones de la segunda con excelente prólogo de Violeta Martínez Ruiz. Son relatos que registran aspectos antropológicos de Villarta de los Montes como exponente de su habla popular. Así contiene el vocabulario ya aparecido en *Paisajes...*, ampliado. Este diccionario lo divulgó por su revista digital la Facultad de Filología de la Universidad de Alcalá de Henares.

- "INVITADA IMPERTINENTE". Poemario con creaciones vanguardistas y transgresoras. Excelente prólogo del poeta José Iglesias Benítez. Dibujos del autor. Editorial Liber Factory. 2008. Madrid

- "LA VIRGEN DE LA ANTIGUA DE VILLARTA DE LOS MONTES". Editorial Vision Libro. Madrid 2008. Ensayo histórico artístico literario ilustrado con fotografía a color. En 2017 se hizo una segunda edición corregida y aumentada que el autor regaló a la cofradía de esta advocación, quienes lo agradecieron públicamente a través del mayordomo Antonio Arnal el 14 de agosto al caer la noche muchísimas personas y la imagen religiosa.

- "EL PUENTE MUDÉJAR DE VILLARTA DE LOS MONTES". Edita Vision Libro 2009. Madrid. Análisis histórico artístico y literario que incluye un poema elegiaco al puente. En 2018 se hizo segunda edición corregida y aumentada que el autor regaló al pueblo mediante el Ayuntamiento en la presentación del mismo en la "nave amarilla" en presencia del alcalde Antonio Miguel.

- "EL MILAGRO DE VILLARTA DE LOS MONTES". Ediciones Beturia. Madrid 2009. 3ª edición del *Auto de los Reyes Magos. Siglo XVIII* enriquecida con nuevos análisis, aportaciones y acompañado de fotografías hechas en la última representación del auto en el Villarta de 1945. Hasta ahora eran desconocidas. En esta edición el trabajo ha aumentado considerablemente.

- "A BUEN PRECIO". Cuaderno número 8 del Colectivo Cultural Tirarse al Folio, editado por ediciones Cardeñoso en Vigo, Pontevedra. 2009. 200 ejemplares.

- "EL UNIVERSO DE VIOLETA". Cuentos infantiles editados en el cuaderno nº 13 del Colectivo Cultural Tirarse al Folio, por ediciones Cardeñoso (2010) en Vigo, Pontevedra. Se han hecho hasta la fecha tres reimpresiones con la cantidad de más de mil ejemplares. Una fue regalada íntegra al alumnado del colegio público de Villarta de los Montes, con motivo de haber puesto el nombre del autor a la biblioteca del centro escolar con placa en la puerta. Fue el 10 de mayo de 2010. Allí el cuadernillo fue utilizado en labores didácticas. Al año siguiente el cuadernillo fue utilizado para animar a la lectura en el colegio público Doctora de Alcalá en la ciudad de Cervantes. Resultó sensacional.

- "ÁRBOLES MÁS DESTACADOS DE VILLARTA DE LOS MONTES (CRÓNICA SENTIMENTAL)". Editorial Vision Libro. Madrid 2011. Ensayo literario ilustrado con muchas fotografías y prólogo de Jacinto Gil Sierra, ingeniero agrónomo. Los eucaliptos a fecha de hoy, han sido totalmente erradicados. Se estudiaron en este ensayo pero ya no existen.

- "ZAMBOMBEOS. (FOLKLORE VILLARTEÑO)". Ediciones BETURIA Madrid 2012. Estudio sobre antropológico musical, textos y partituras. Existe grabación en casete. Asimismo el folclorista José Manuel Fraile, lo admiró y ha querido plasmar este folklore de Villarta en su libro "Tradición oral y zambomba" Pamplona 2016, cantado y contado en CD por Juliana Díaz, madre de Theo Acedo quien aparece en la bibliografía como compilador.

- "CINE X". Cuaderno nº 16 del Colectivo…Tirarse al Folio.2012. Ediciones Cardeñoso. Vigo, Pontevedra. Contiene seis relatos originales.
- "FLOR DE SILENCIO" Editorial Liber Factory. Madrid 2014. Novela.
- "VIDA Y MÚSICA". Edit. Liber Factory. Madrid 2015.Biografía del pianista extremeño Alberto Lebrato Ramiro. Abundantes fotografías del artista.
- "LA ROSA Y EL ARTE". Ensayo literario. Edición personal. Madrid 2016.
- "EXALTACIÓN ARTÍSTICA DEL ASNO". Ensayo literario humorístico editado por Liber Factory. Madrid, 2017. Tratamiento original en textos incluidos los poemas exclusivos y los dibujos.
- "RÁFAGAS…" Poemas editados por Vision Libro. Madrid 2019. Incluye dibujos de Antonio Cantreras y Luis Dante.
- "FIEL DE LA BALANZA" . Relatos con matices eróticos y humorísticos. Dibujos de Antonio Contreras. Editado por Vision Net, Madrid 2020.
- "CON BUENA PLUMA". Reunión de 65 artículos publicados en el Semanario PUERTA DE MADRID de Alcalá de Henares, exaltando la Lengua Española Castellana. Editorial DOMIDUCA, Alcalá de Henares, 2021.
- "CON BUENA PLUMA. ATÍCULOS SOBRE LA LENGUA ESPAÑOLA" 2ª edición. Editorial DOMIDUCA. 2022. Alcalá de Henares.
- SEÑAS DE IDENTIDAD. Aproximación a la idiosincrasia villarteña. Edir. DOMIDUCA (2023) Alcalá de Henares.

- GALERÍA DE ROBLES. Editorial Visión Libros. Madrid (2023). Tratamiento biográfico sobre Antonio Acedo Tamurejo y su colección de afiches.
- "CON BUENA PLUMA" 3ª EDICIÓN aumentada. Edit. Domiduca. 2024 abril.

c-2: EN COLABORACIÓN.

- "UN REINO PARA SOÑAR". Poemas sobre Patones de Arriba. Editado por Antonio Contreras en Tierra de Fuego. Madrid 1994. Excelentes plumillas de A. Contreras.
- "LA SIBERIA. LA LEYENDA DEL AGUA". Edita Diputación de Badajoz, año 2000. El autor participó escribiendo sobre las manifestaciones artísticas de esta comarca, pp.32-165. Gran formato y excelentes fotografías.
- "TETRAFONÍA: CUATRO VOCES PARA UN MILENIO" Poemas escritos por T. Acedo, A, Contreras, A. Delgado, M. Medina. Ediciones Luna Nueva, año 2000, Alcalá de Henares.
- "VEGAS ALTAS: UNA HISTORIA DE 50 AÑOS NARRADA POR SUS PROTAGONISTAS". Edita Diputación de Badajoz, año 2009. Textos escritos por los vecinos que quisieron participar. Muchas fotografías nostálgicas.
- "OCHO POR DIEZ". Edita Vision Libros en 2010. Ocho autores del Colectivo Literario Tirarse al Folio, escriben relatos sobre diez fotografías.
- "MADRID ENTRE LÍNEAS" Narrativa. Colectivo Tirarse al Folio. Edita Vision Libros 2011.
- "PERDONEN LAS MENTIRAS". Narrativa. Colectivo Tirarse al Folio. Vision Libros, 2012.

- "YO QUIERO SER". Narrativa. Colectivo Tirarse al Folio. Vision Net 2013.
- "IROZZI Y REYES MAGOS. PARALELISMO CULTURAL". Textos comparativos entre la manifestación rumana Irozzi y los RRMM de Villarta en representación española. Presentación de Illeana Bucurenciu. Edita Liber Factory 2018. Se presentó en la Embajada de Rumanía en Madrid. Se han hecho varias reimpresiones.
- "RUTAS MÁGICAS POR LA PROVINCIA DE BADAJOZ". Edita Diputación de Badajoz 2018. Turismo. Theo Acedo participa con el relato (extractado) "El encanto del Castañar". Contiene excelentes dibujos.
- SEMPER VERBUM III. Antologia poética de Notting Hill. Edit. Notting Hill (2023).
- SEMPER VERBUM IV. Antologia poética de Notting Hill. Edit. Notting Hill (2023).

21 de Enero de 2024 en
"Villa Juliana"

Esta obra se concluyó
el 19 de Agosto de 2024
en el LXX aniversario del autor